papa cool

papa cool

paroles inspirantes et touchantes pour les papas

recueillies par Tom Burns

éditions
marée haute

Infographie : Carl Lemyre
Titre original : Daddy Cool
© 2003 Axis Publishing Limited

© 2006 Éditions Marée haute
pour la traduction française :
Louis Letendre

ISBN 2-923372-16-6

Tous droits de traduction, de reproduction et d'adaptation
réservés pour tous pays.

Dépôt légal : Bibliothèque nationale du Québec, 2006
               Bibliothèque nationale du Canada, 2006

Distribution : Diffusion Raffin
                29, rue Royal
                Le Gardeur (Québec)
                J5Z 4Z3
Courriel : diffusionraffin@qc.aira.com

Imprimé en Chine

au sujet du livre

Papa cool présente un choix de paroles inspirantes et touchantes sur les pères et la paternité. Sans en avoir l'air, ces petites phrases, combinées à de suberbes photographies animales, évoquent tout le drame et toute la beauté de la condition humaine.

Nous avons tous des vies très occupées et nous oublions parfois de dire à nos pères combien nous les aimons et combien nous leur sommes reconnaissants de tout ce qu'ils ont fait pour nous.

Ces phrases inspirantes, écrites par des gens ordinaires et tirées de leur propre expérience, touchent à l'essentiel de la paternité en exprimant toute la place que nos pères prennent dans nos vies. Comme l'a si bien dit l'un de nos auteurs : « Le père est un banquier fourni par la nature. »

Alors embrassez-le… avant de lui demander de l'argent !

au sujet de l'auteur

Tom Burns a écrit dans plusieurs magazines et dirigé la publication d'une centaine de livres sur des sujets aussi variés que les jeux et les sports, les films, l'histoire et la santé. À l'aide des centaines de pensées sur les pères et la paternité que lui ont envoyées des gens de tous les coins du monde, il a composé ce recueil qui sera, nous l'espérons, une source d'inspiration pour tous les papas.

On peut dire que j'en ai de la chance : c'est moi qui ai le père le plus cool du monde !

Quoi qu'il arrive, je sais que je peux toujours aller lui parler.

N'importe qui peut être un père.
Mais ce n'est pas tout le monde
qui peut être papa.

Devenir père est facile. Être un père ne l'est pas.

En vieillissant je me suis rendu compte que j'avais donné à mon père l'équivalent d'un deuxième travail à plein temps.

Il est plus facile à un homme
d'avoir des enfants qu'à des
enfants d'avoir un père.

Je sais que je peux toujours
compter sur mon père:
c'est une chose à laquelle
je n'ai même pas à penser.

Béni soit celui qui entend de douces petites voix l'appeler papa.

Qu'il soit béni parce que c'est à lui
de faire en sorte que ces voix
restent douces.

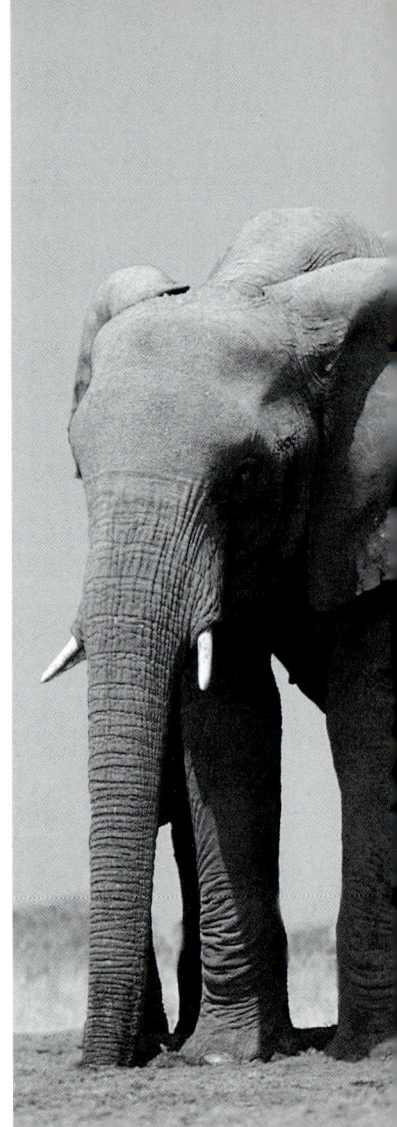

Il est vrai qu'avoir
des enfants,
ça vous illumine
une maison.

Parce qu'ils
n'éteignent jamais
la lumière !

C'est un homme sage qui connaît
son propre enfant.

Je trouvais étrange qu'il sache
toujours ce que je voulais
sans que j'aie à le demander.
Maintenant je trouve seulement
que j'ai de la chance.

La réussite de l'enfant fait le bonheur du père.

Un bon père vaut mieux que cent professeurs.

D'autres peuvent vous enseigner tout le reste. Un père vous enseigne à être vous-même.

Papa m'a montré
tout ce que je sais.
Malheureusement,
il ne m'a pas
montré tout
ce qu'il sait.

Les pères envoient leurs enfants à l'université pour l'une ou l'autre de ces deux raisons : eux-mêmes y sont allés… ou n'y sont sont pas allés.

Aux yeux de l'enfant, le père
est toujours quelqu'un
de très haut placé…

Dans le doute, demande à papa.

Même quand il ne connaît pas la
réponse, au moins il peut me le
dire et me diriger vers quelqu'un
qui la connaît.

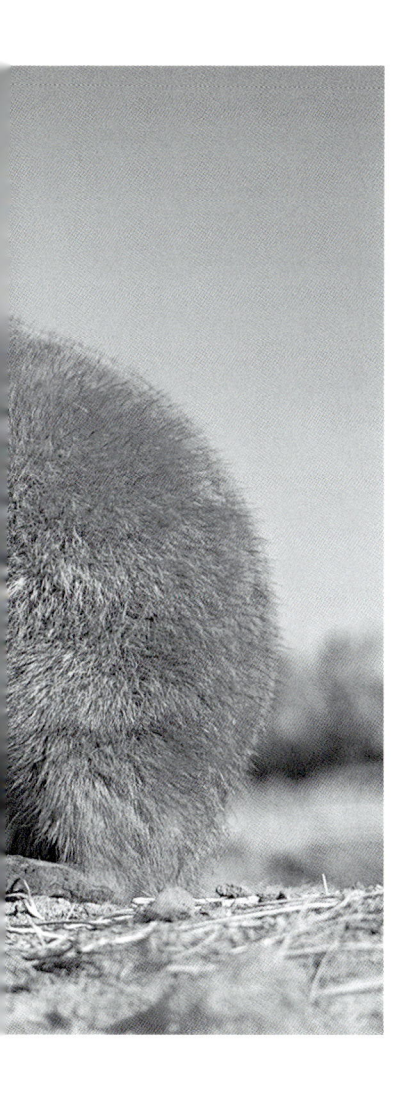

Mon père ne m'a jamais dit comment vivre ma vie : il m'a laissé l'observer vivre la sienne.

L'exemple du père est la meilleure des leçons.

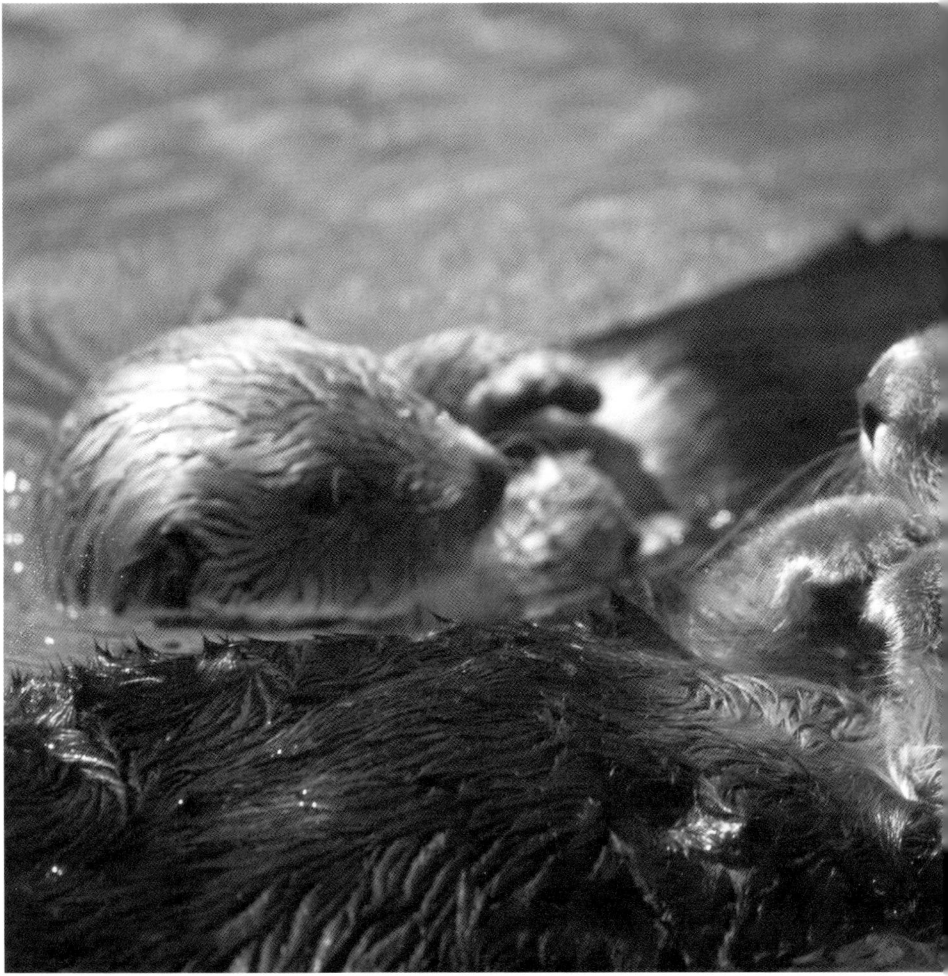

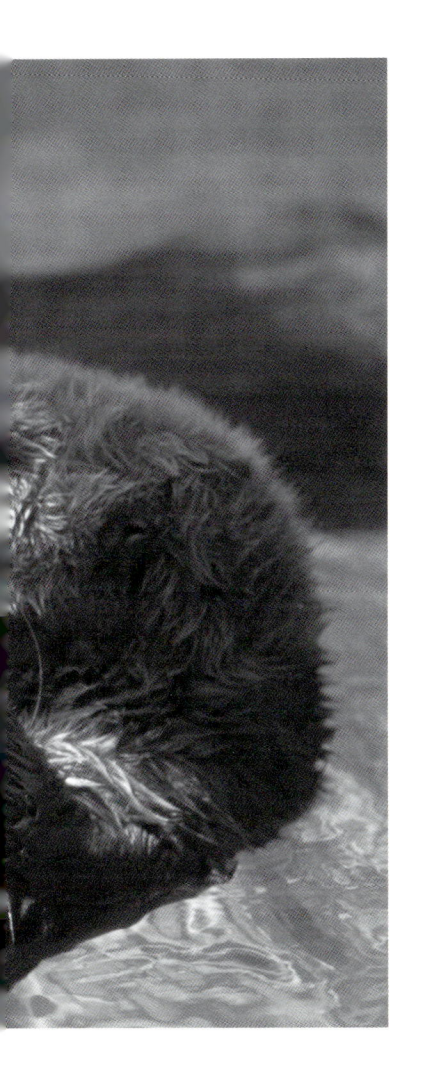

T'es cool, papa !
Tu fais l'idiot, mais
tu es toujours là
quand j'ai besoin
de toi.

L'enfant ne connaît pas de plus grand besoin que le besoin d'être protégé par son père.

Lui seul pouvait chasser les
ombres et les monstres de la nuit.

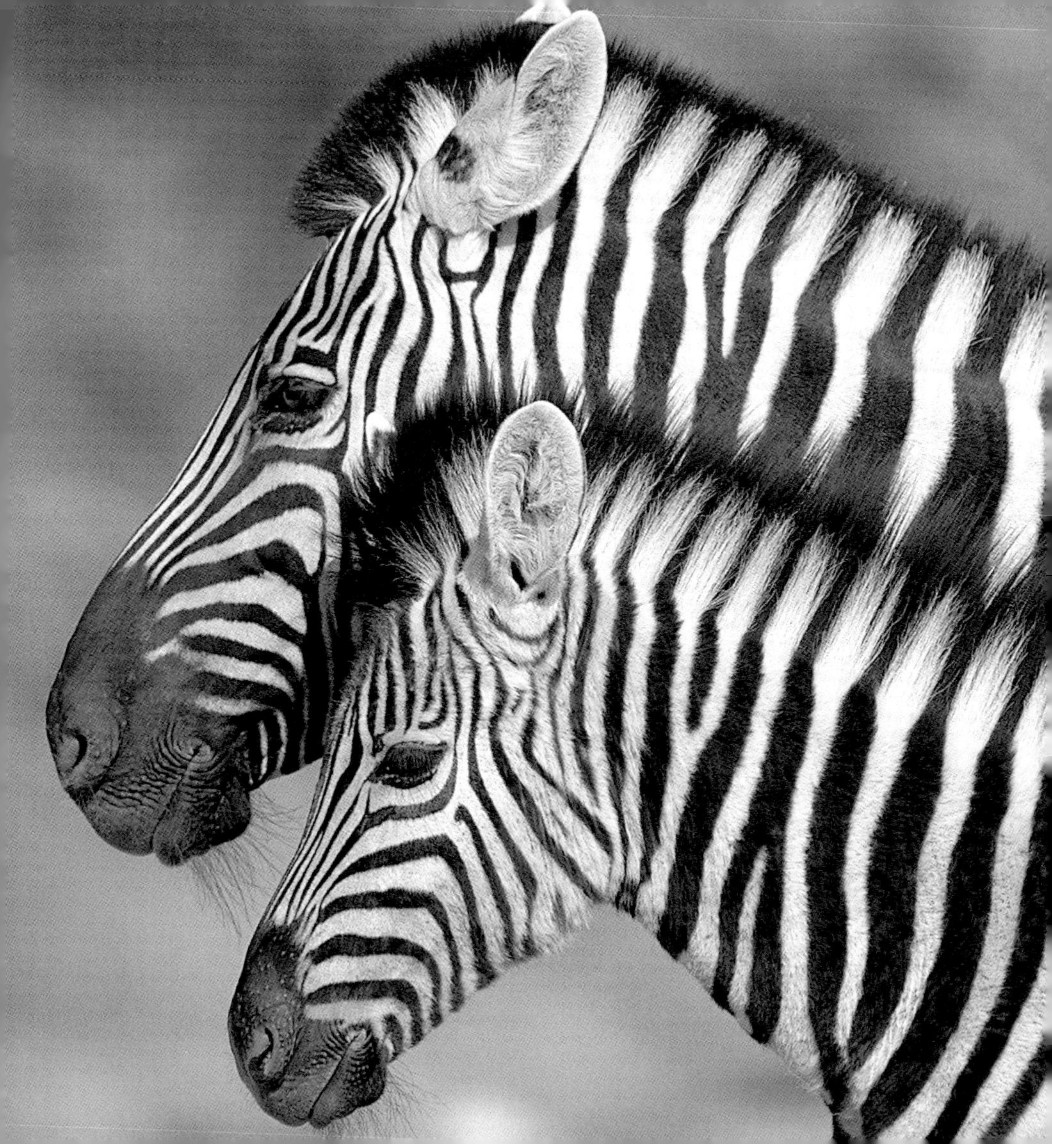

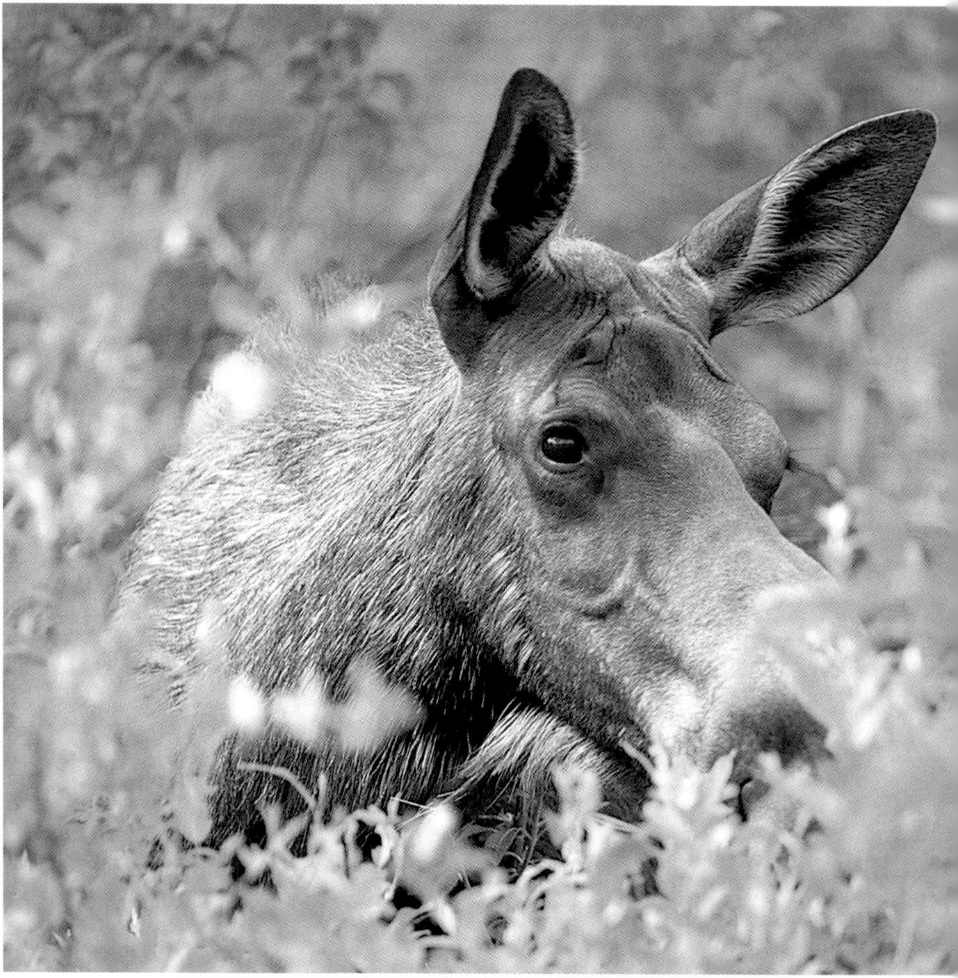

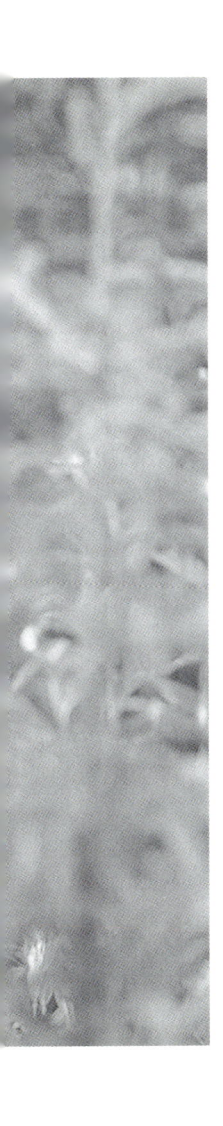

Les enfants d'un homme sont comme des arbres. Ils reflètent davantage le soin apporté à l'élagage qu'à l'arrosage.

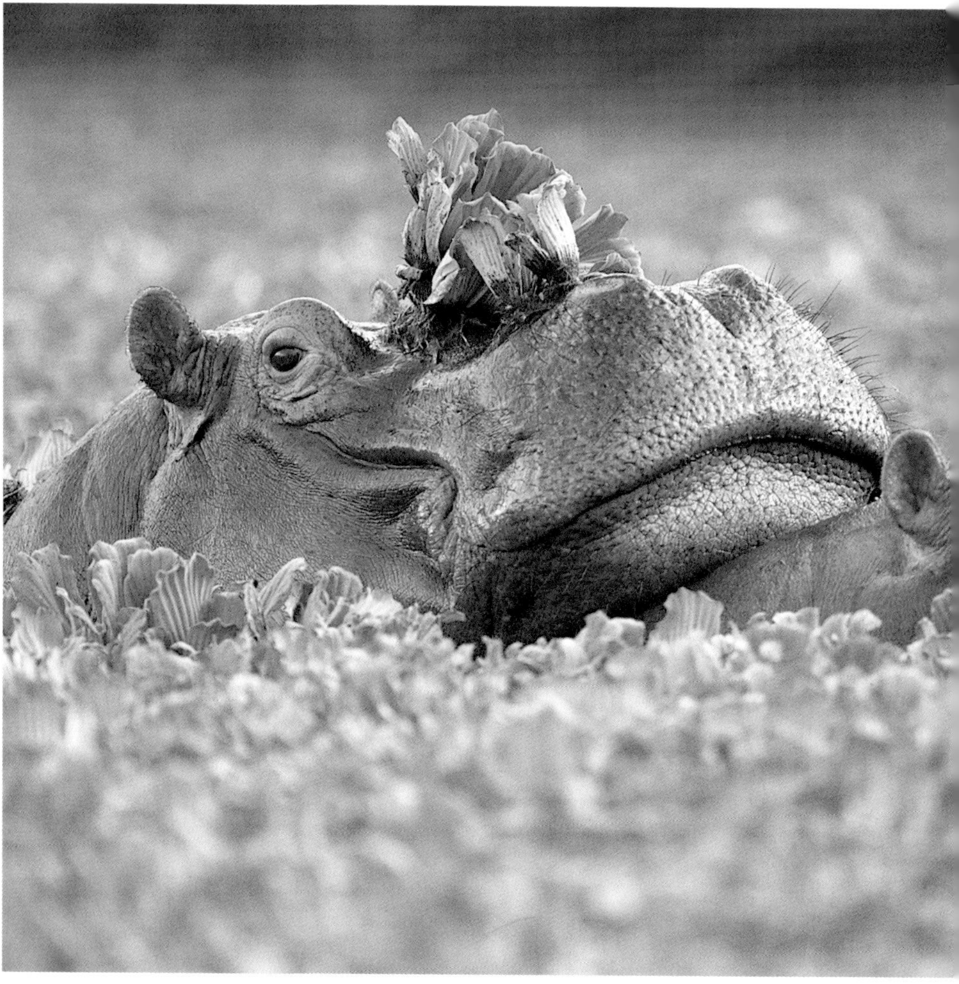

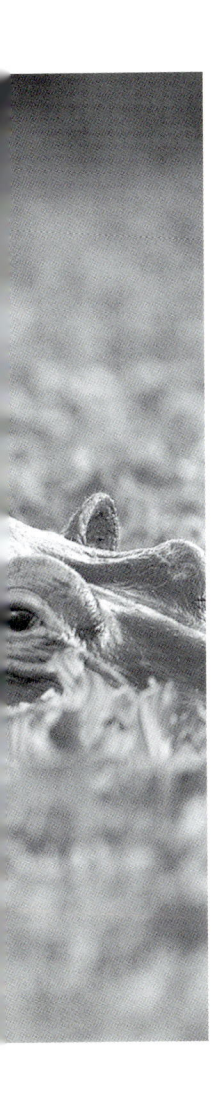

Les pères représentent une autre façon de voir la vie : la possibilité d'une autre forme de dialogue.

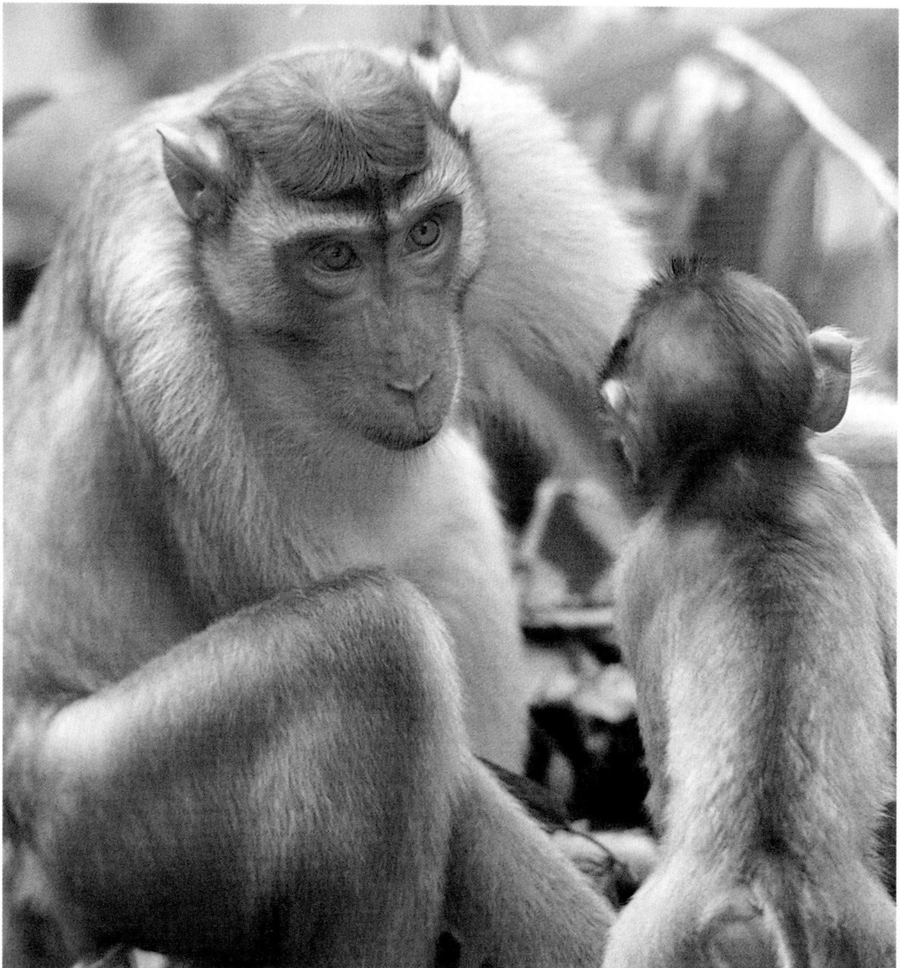

Il est facile pour un père
de s'entendre parler.
Il n'a qu'à écouter ses enfants.

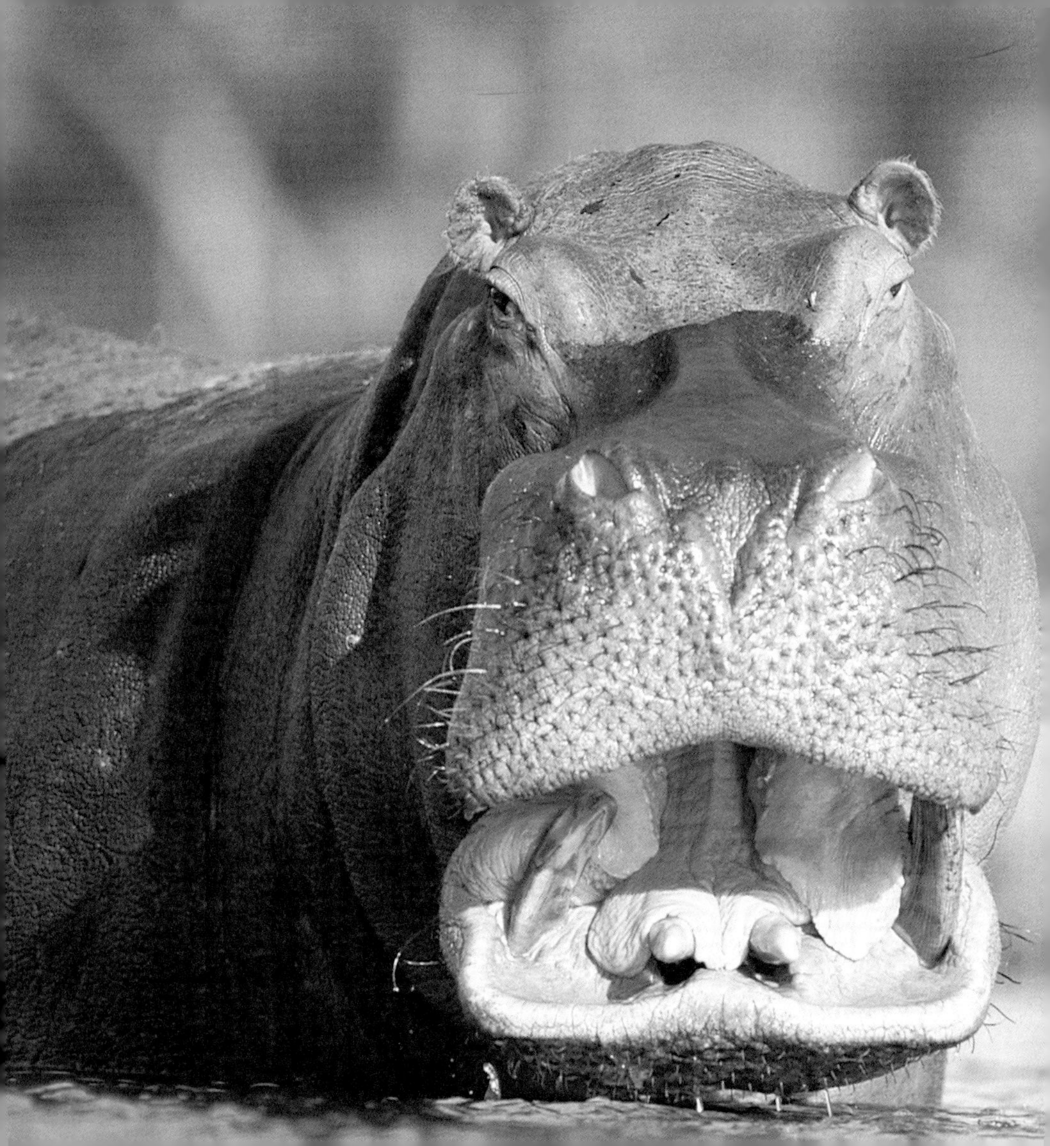

Ce qu'un père dit à ses enfants, le monde ne l'entend pas. Mais la postérité l'entendra.

Dès les premiers jours,
les conseils du père valent
pour toute la vie.

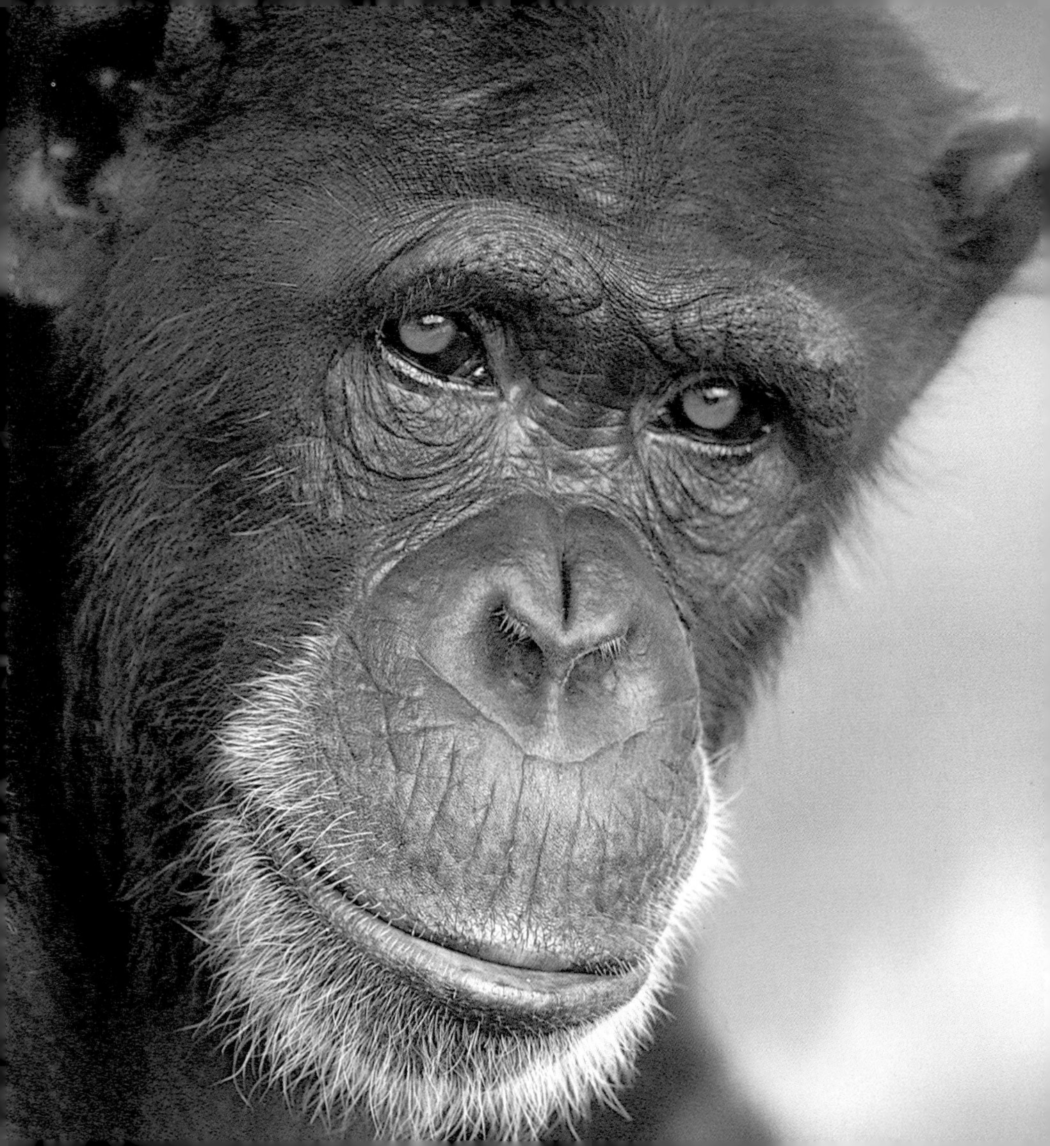

Les pères : petits parleurs,
gros donneurs.

Un regard, un simple regard,
me dit parfois tout ce que j'ai
besoin de savoir.

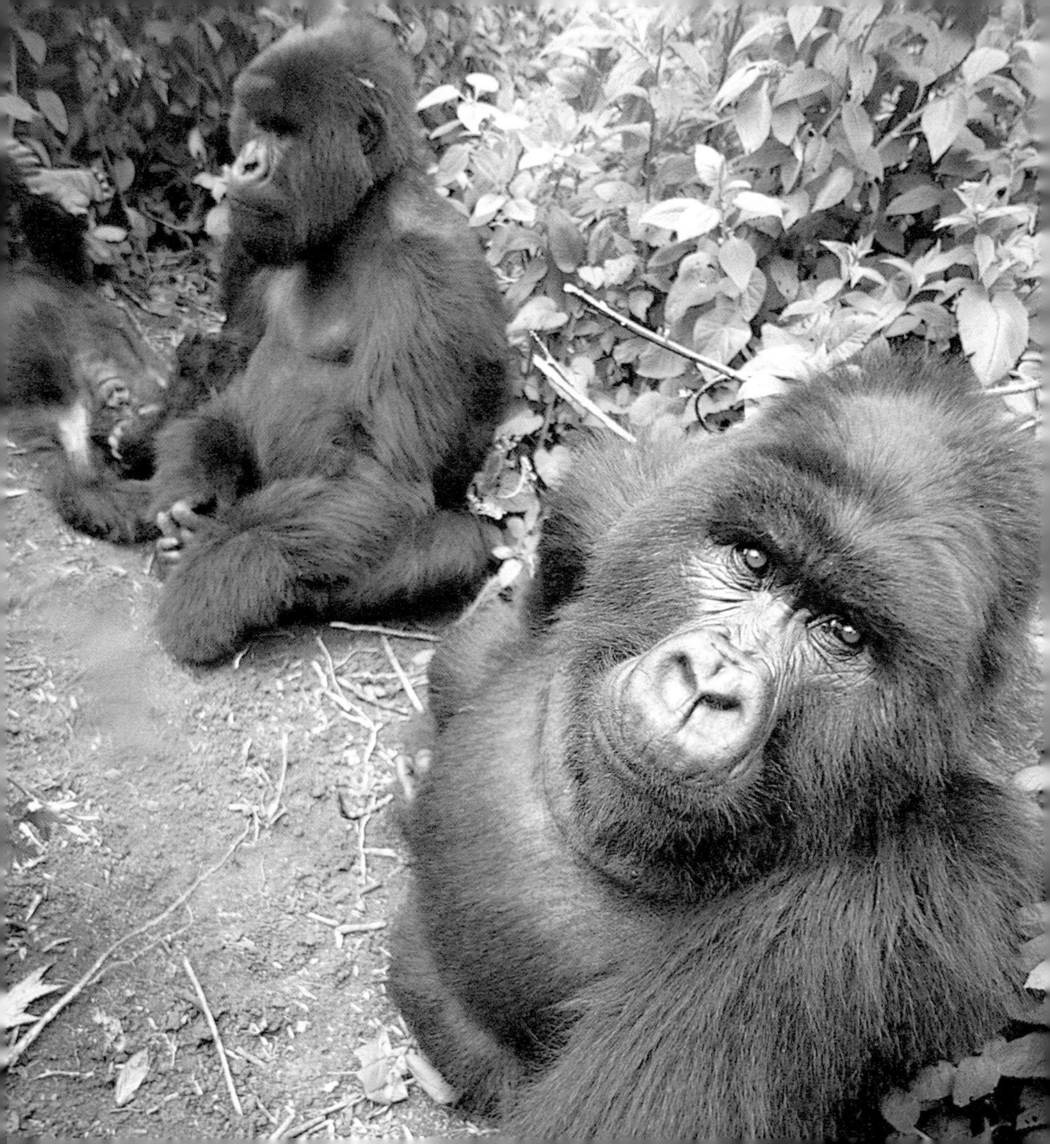

Le plus grand défaut des pères,
c'est de vouloir que leurs enfants
leur fassent honneur.

Un père attend de son fils qu'il devienne un homme bon… aussi bon que lui-même aurait voulu l'être.

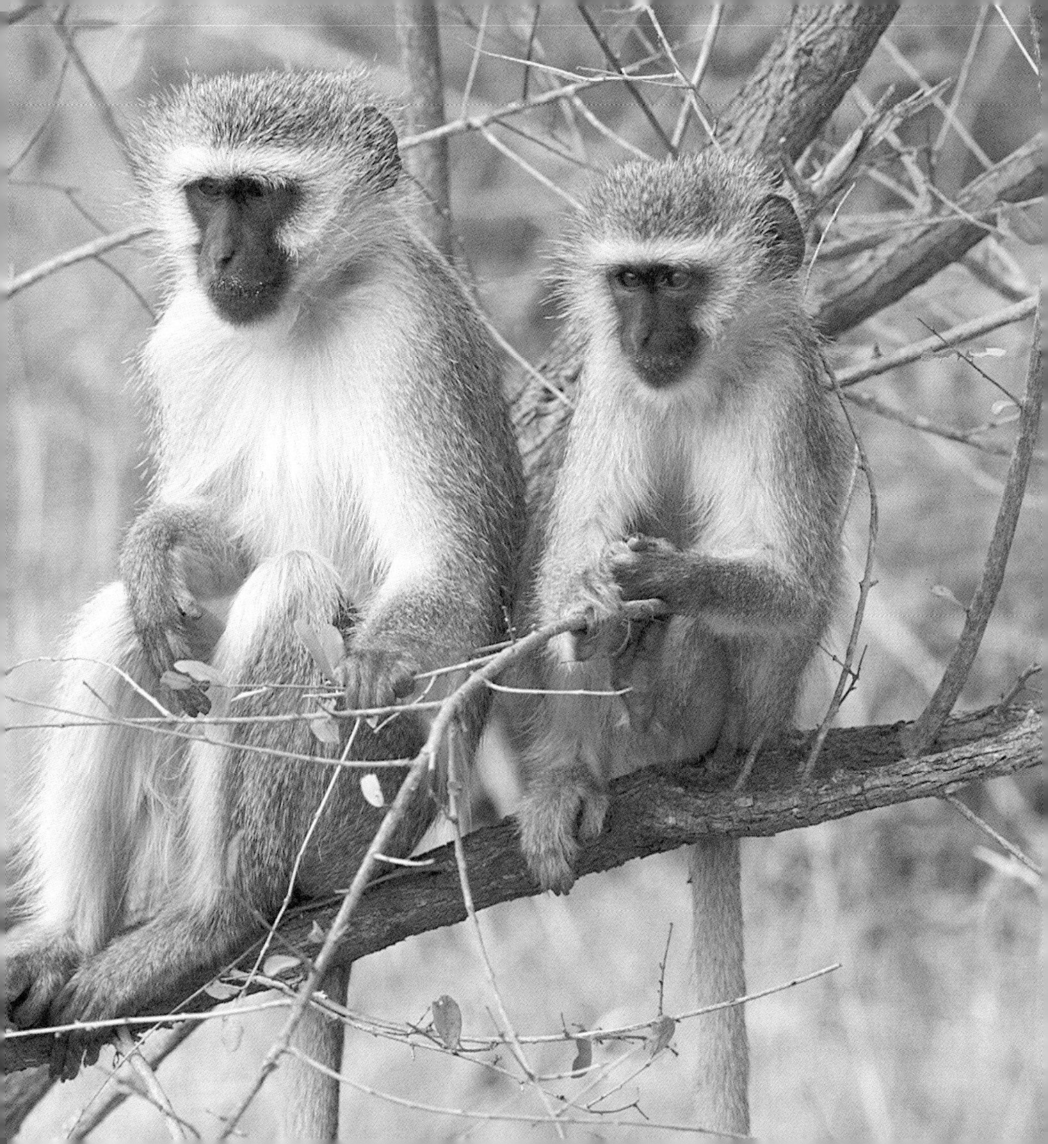

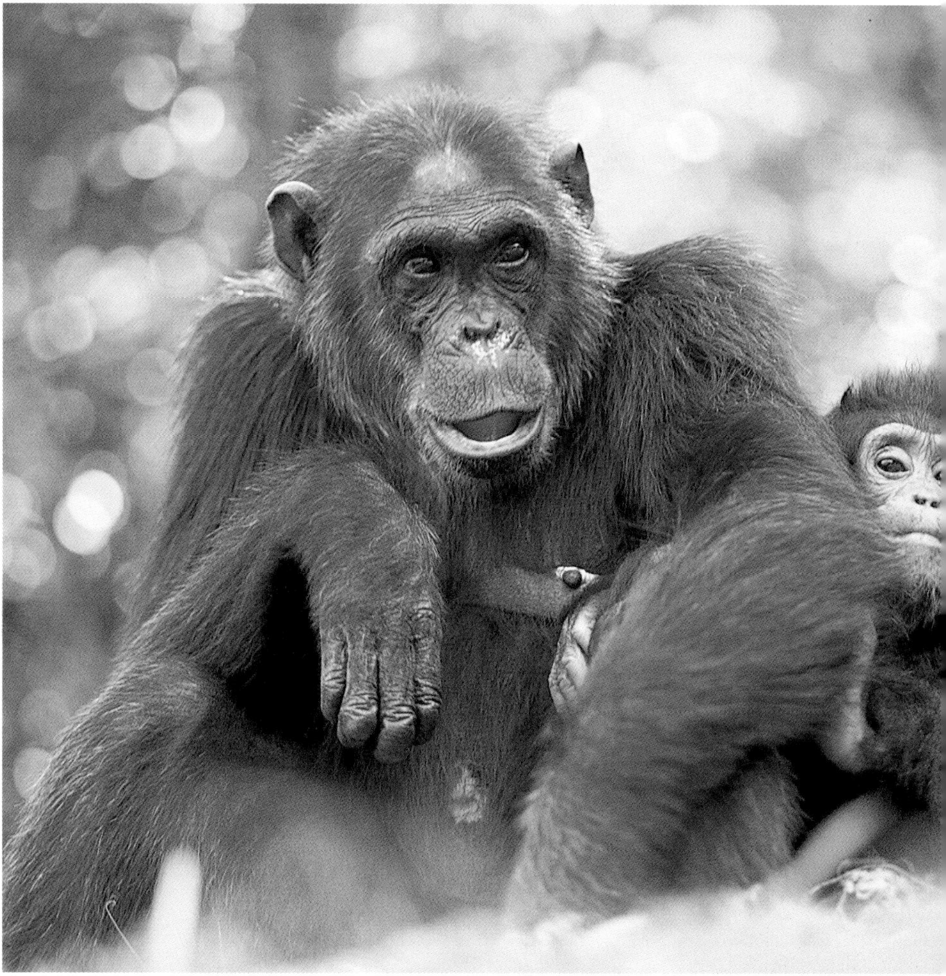

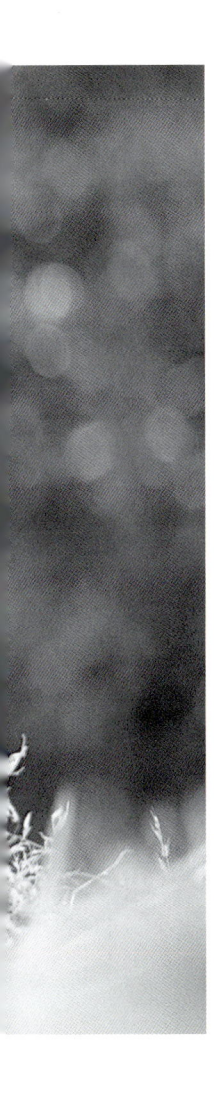

D'ordinaire, quand un homme finit par se rendre compte que son père avait peut-être raison, lui-même a un fils qui pense qu'il a tort.

En vieillissant, tâchez d'écouter
plus et de juger moins votre père.

Pourquoi les hommes sont-ils si peu pressés de devenir pères ?

Parce qu'ils n'ont pas fini d'être des enfants.

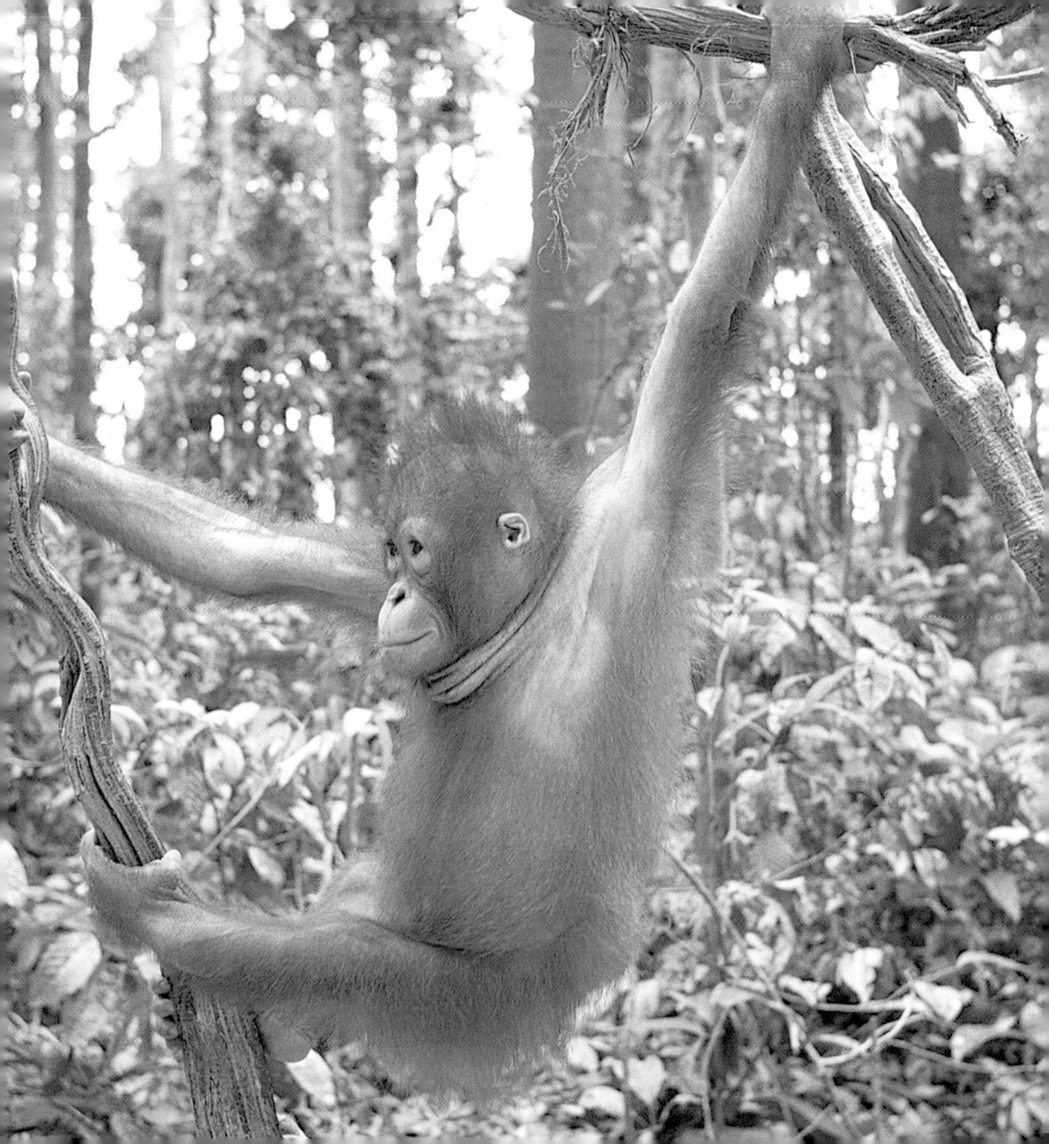

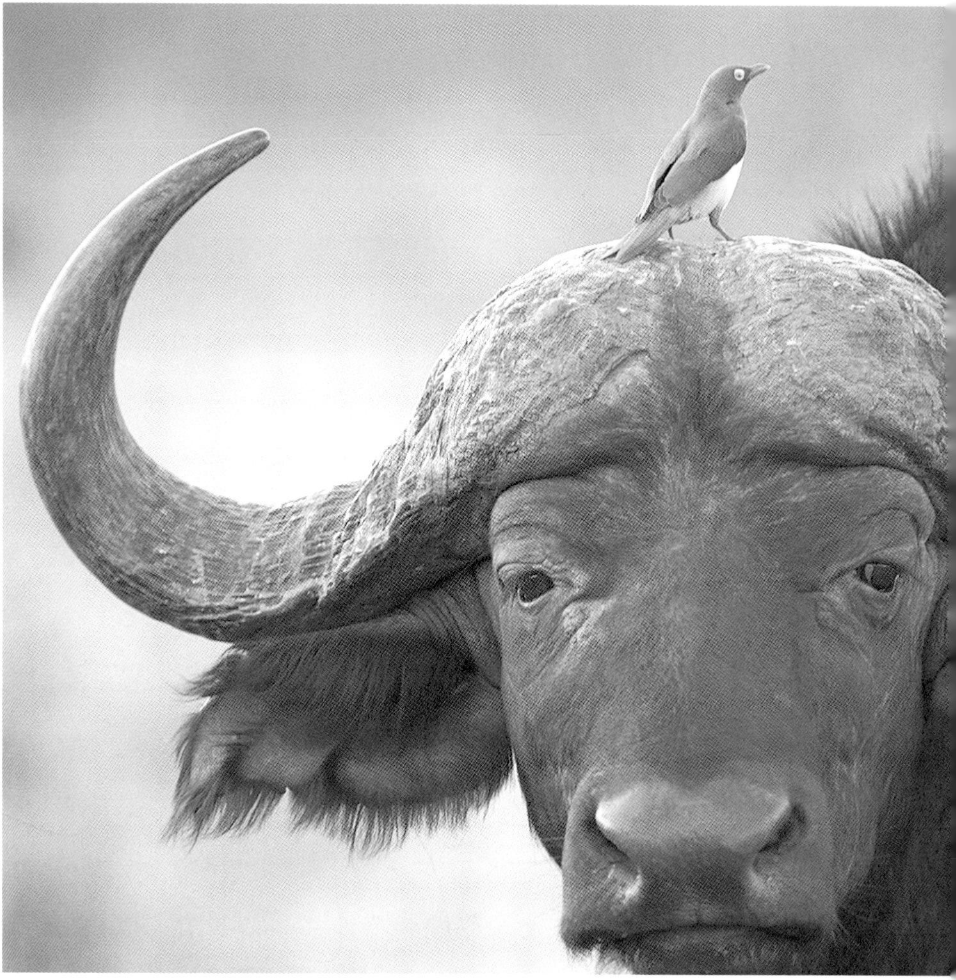

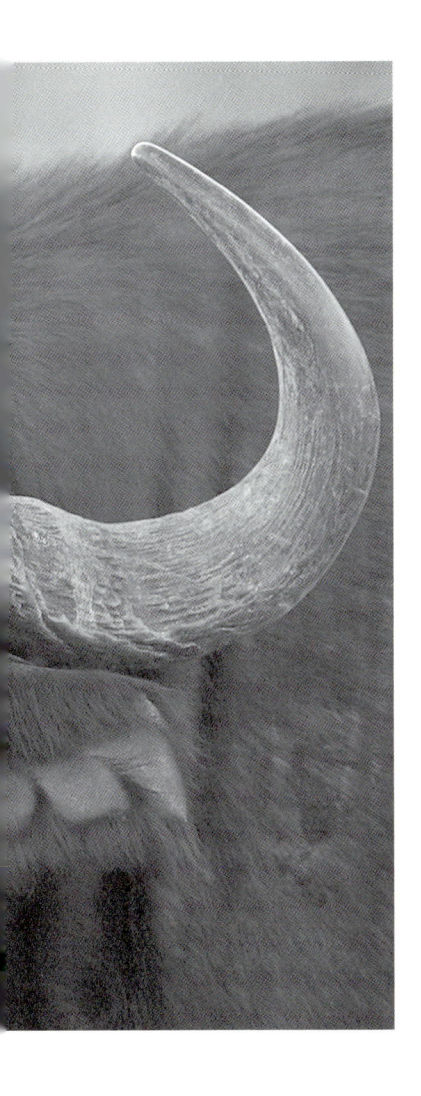

Un père
vraiment génial
n'abandonne
jamais la simplicité
de l'enfance.

Sinon, comment pourrait-il
assembler des trains électriques le
matin de Noël ou jouer au foot
dans la cour arrière ?

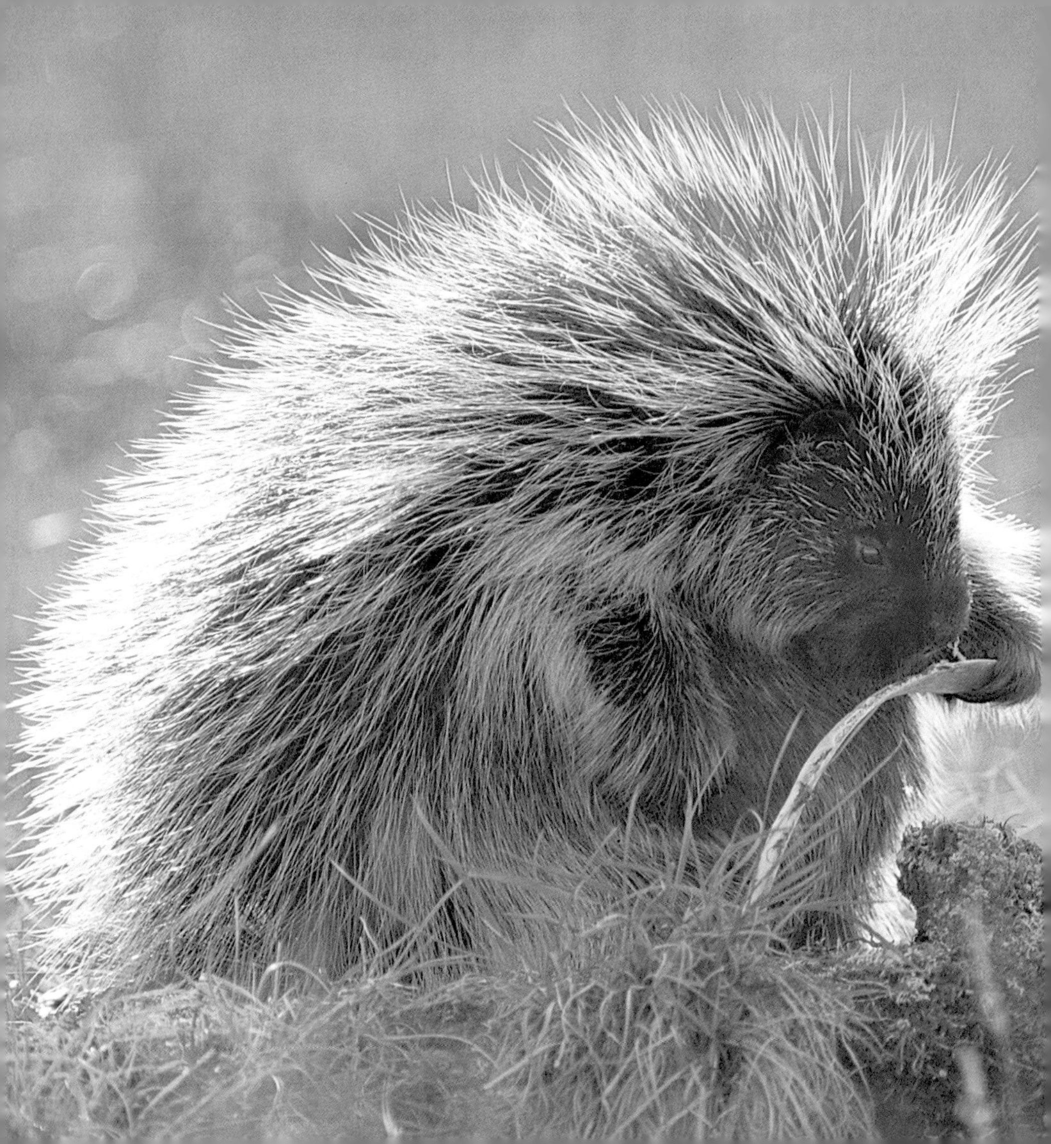

L'enfant reçoit tous
les jouets dont
le père rêvait.

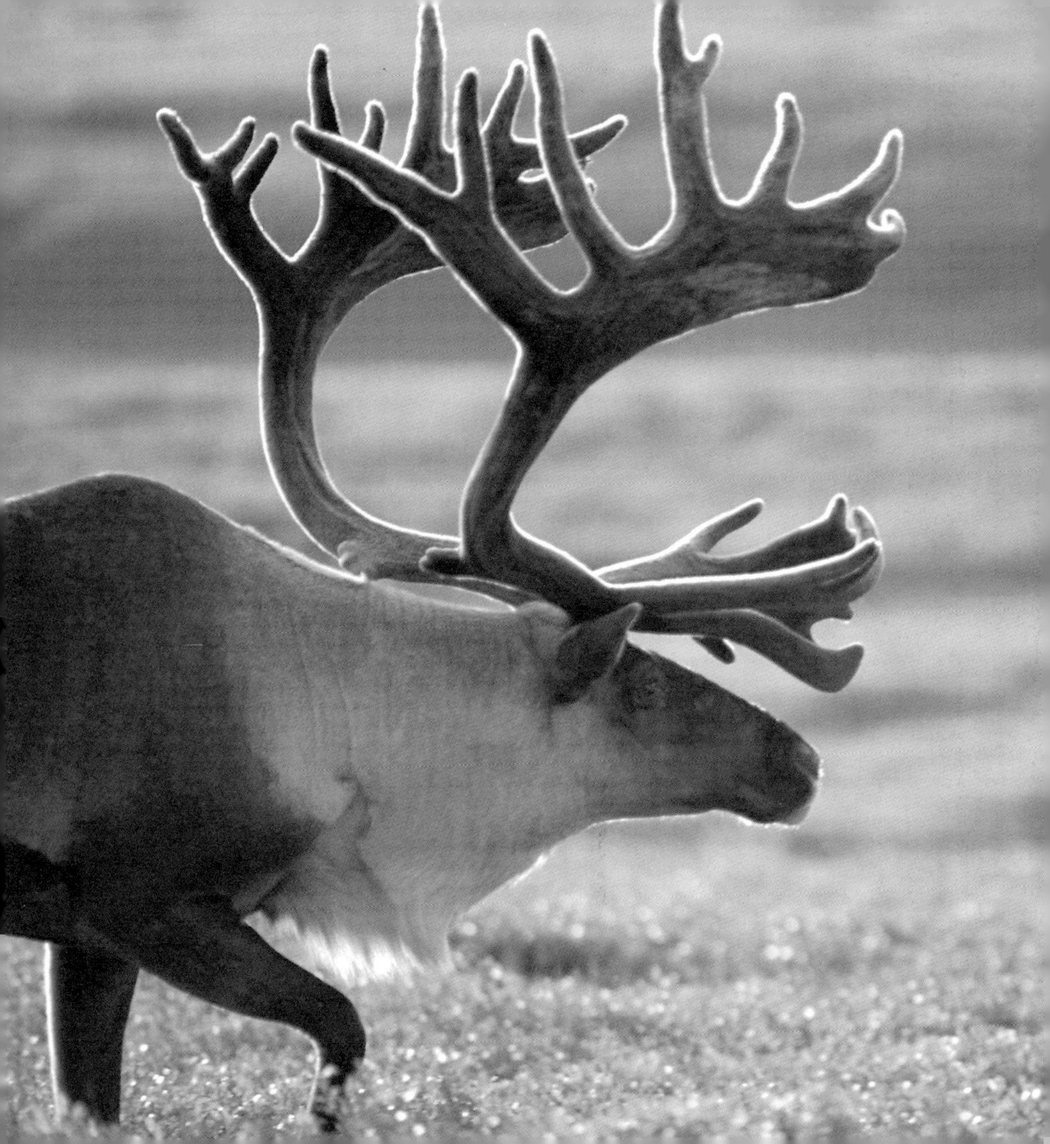

Il y a trois stades dans la vie
d'un père : il croit au père Noël,
il ne croit plus au père Noël,
il est le père Noël.

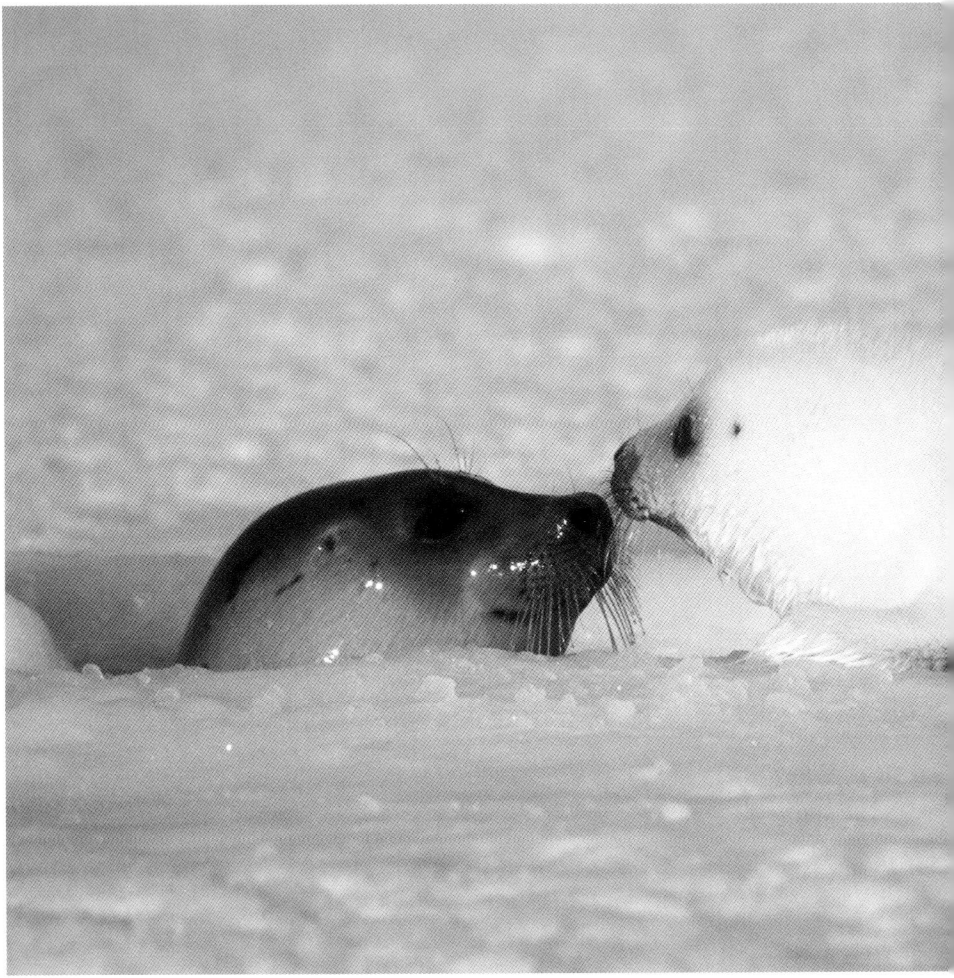

Papa, tu me fais hoooonte, mais je t'adore !

Essayez de vous souvenir
qu'un jour vous aussi porterez
des vêtements qui feront rougir
vos enfants.

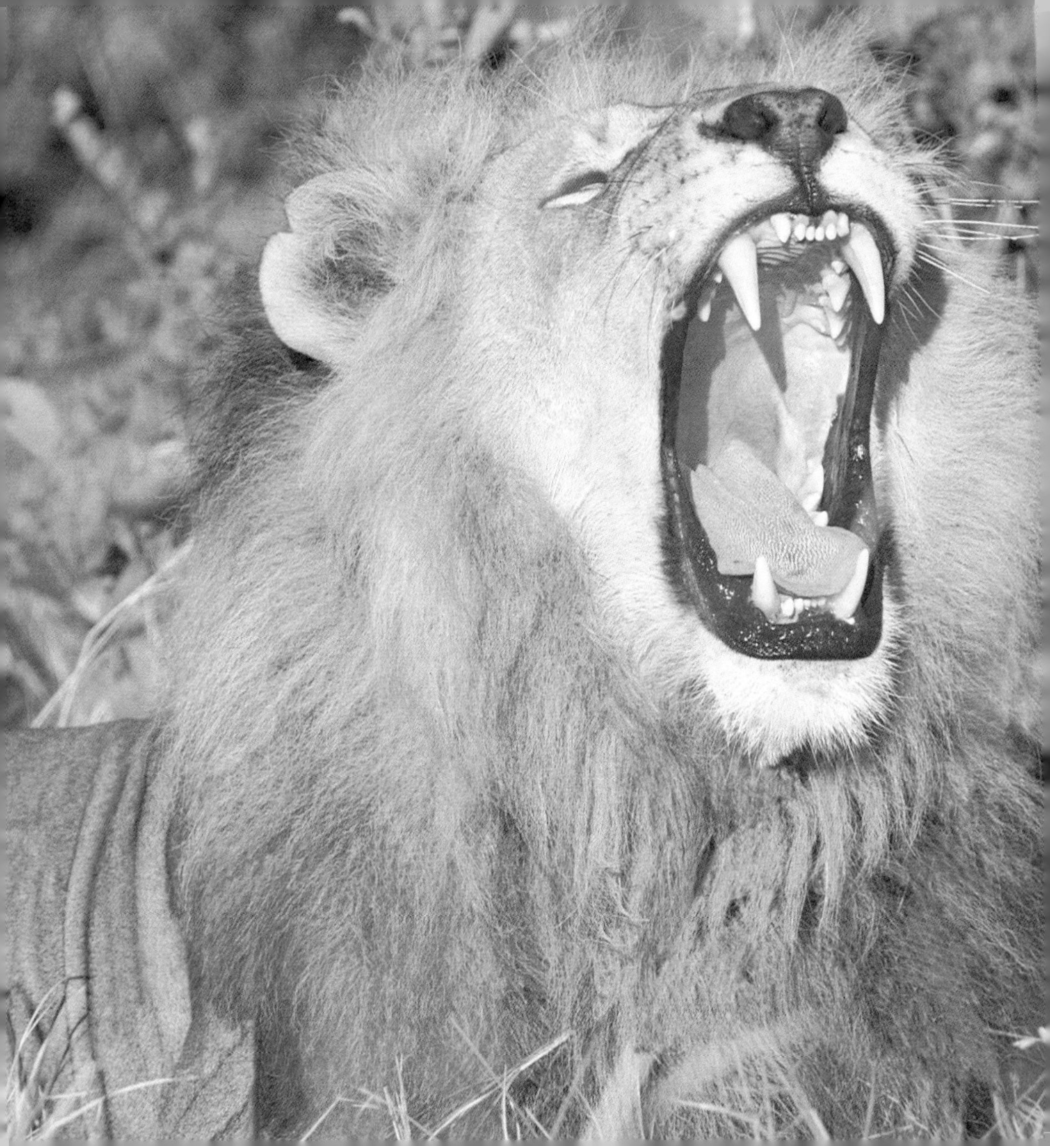

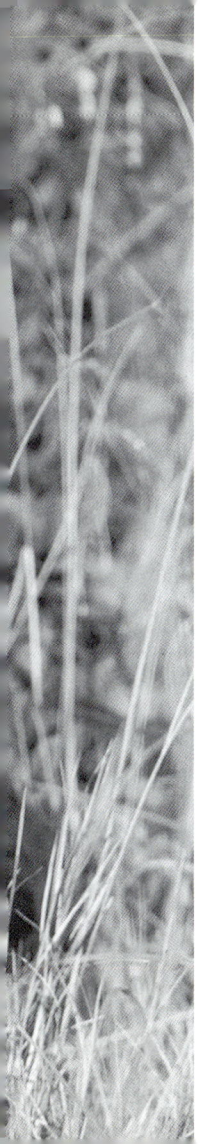

Avoir une famille, c'est comme avoir un jeu de quilles dans le crâne.

Alors servez-vous une bière
et faites une bonne partie.
Elle ne sera pas finie de sitôt.

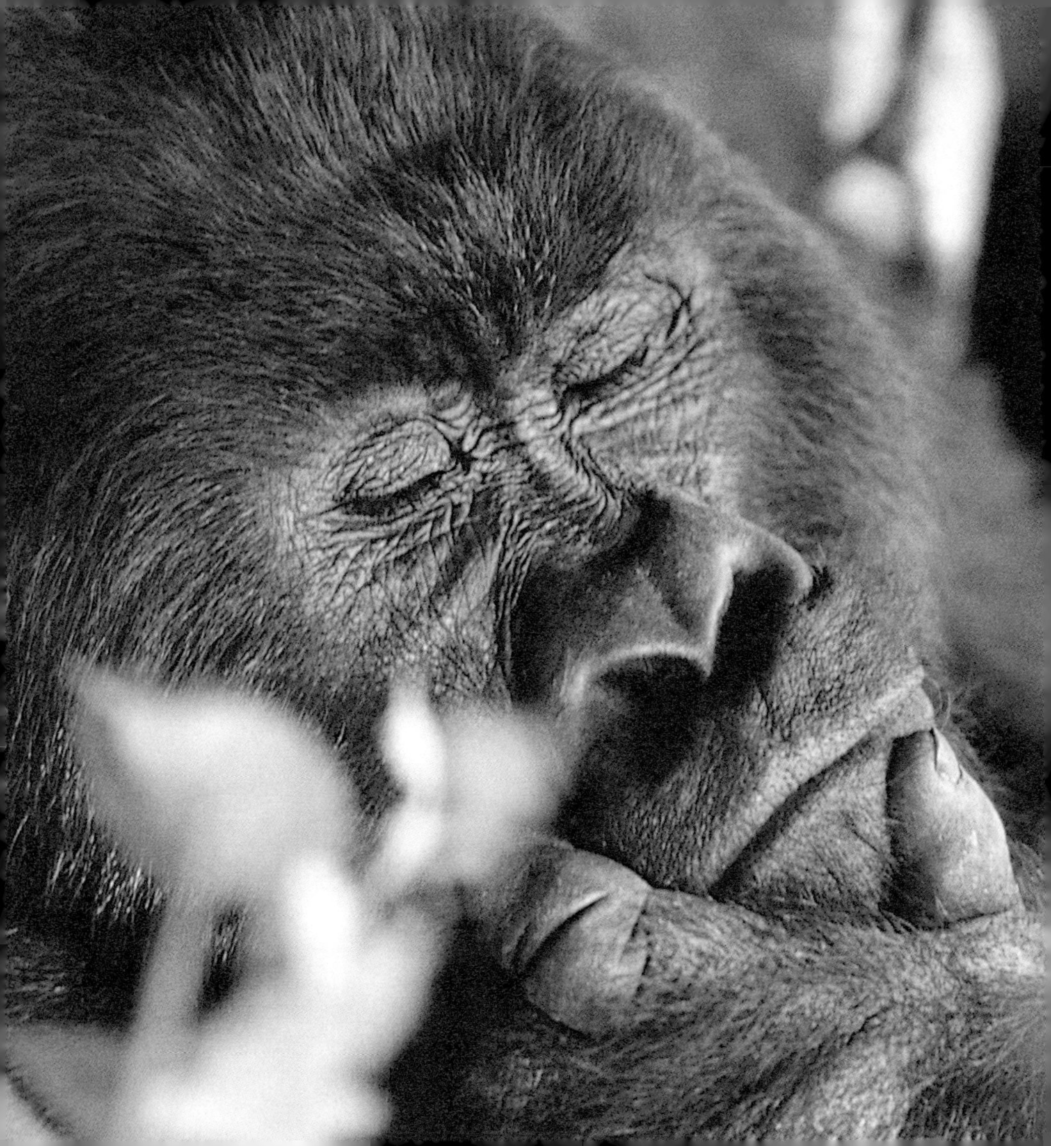

Le biberon : invention permettant au père de se lever lui aussi à 2 heures du matin.

Être un père, c'est savoir prétendre qu'une simple cravate est le plus beau cadeau du monde.

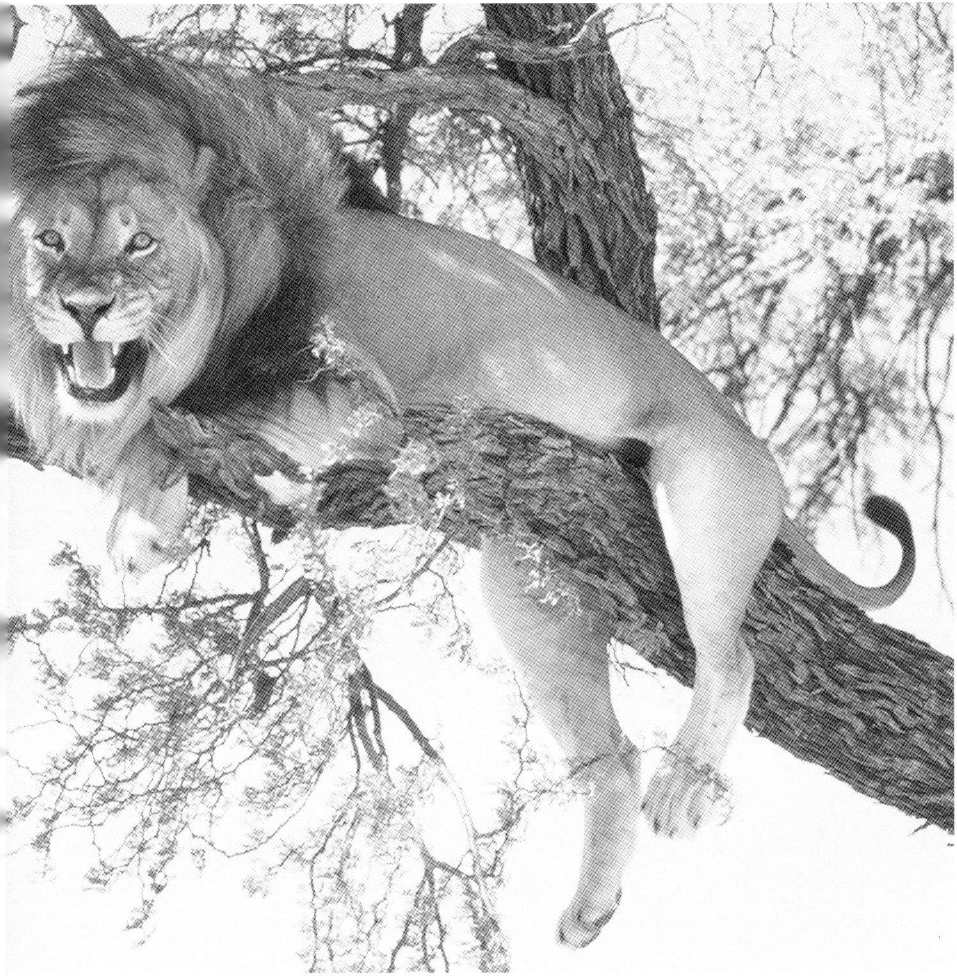

Q : Qu'offre-t-on à un homme qui ne demande rien ?

R : N'importe quoi. C'est déjà plus qu'il n'en demande.

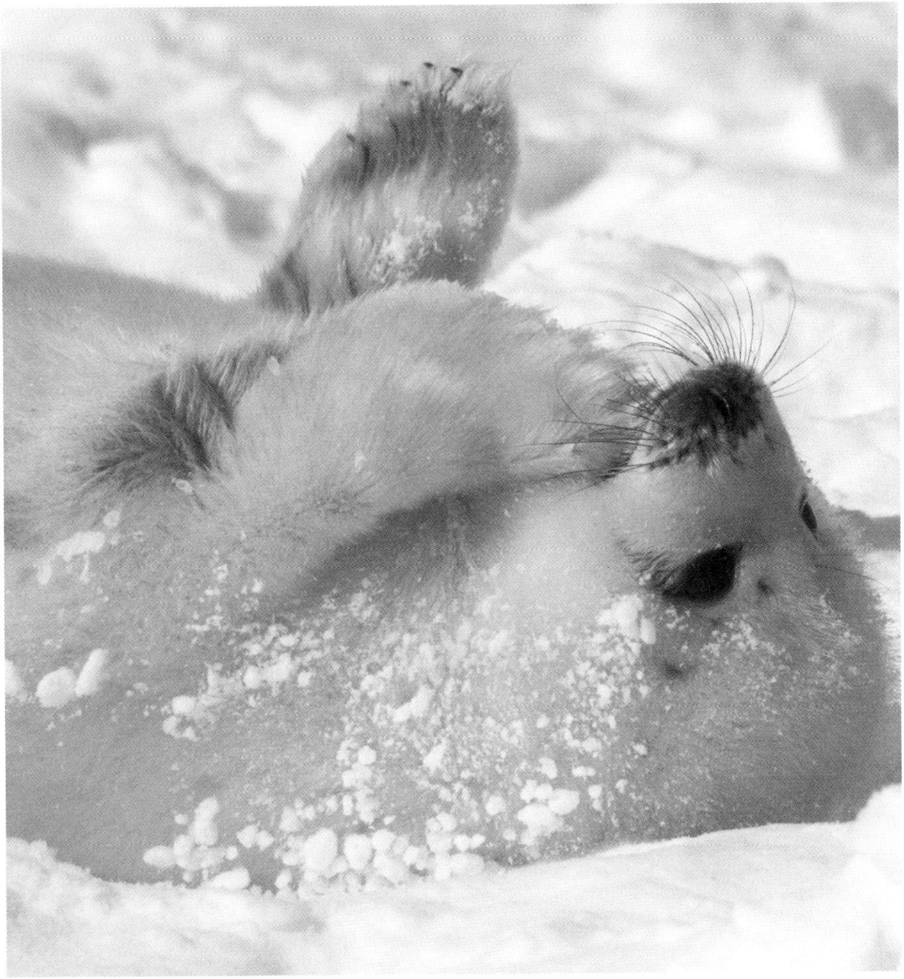

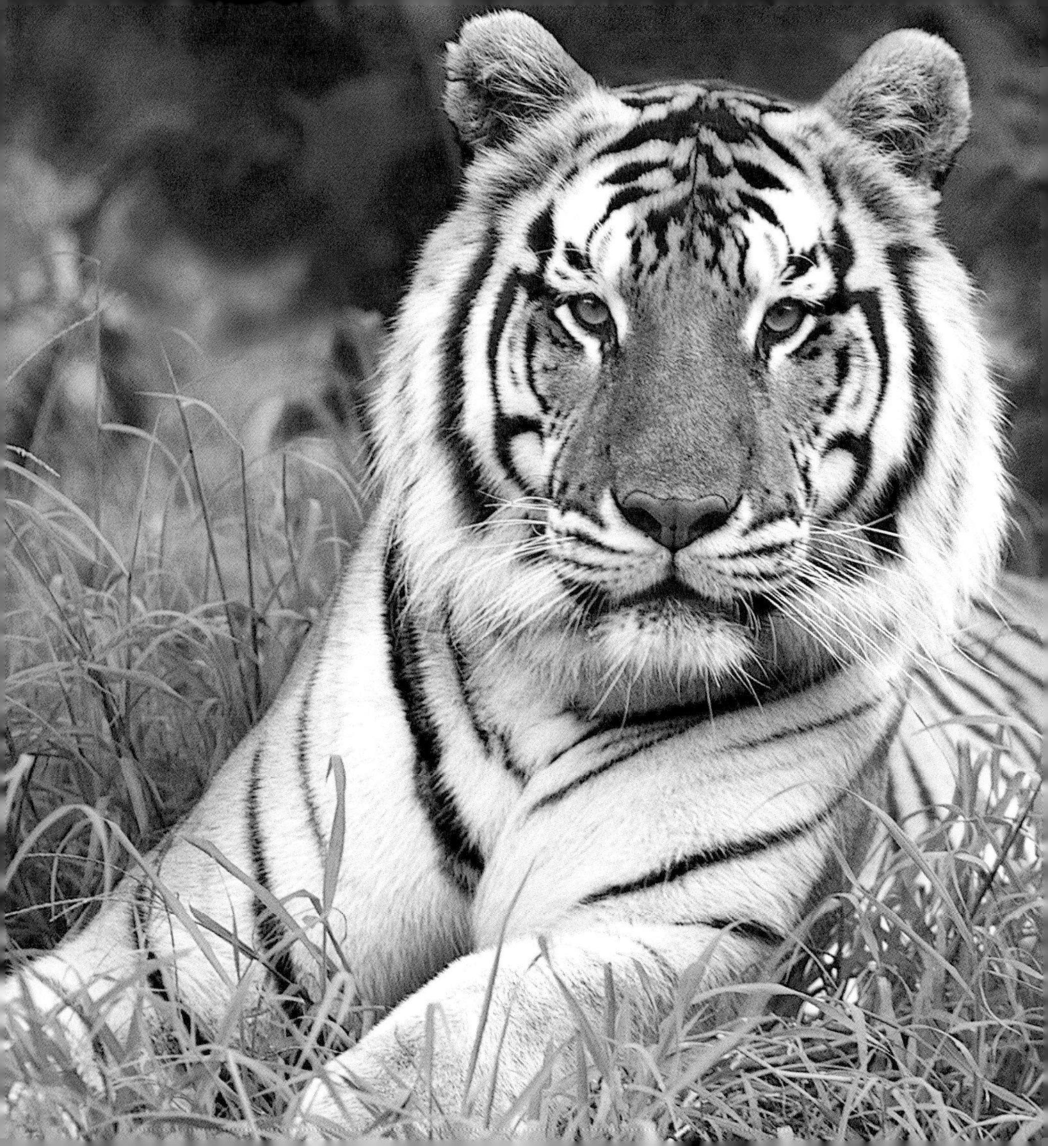

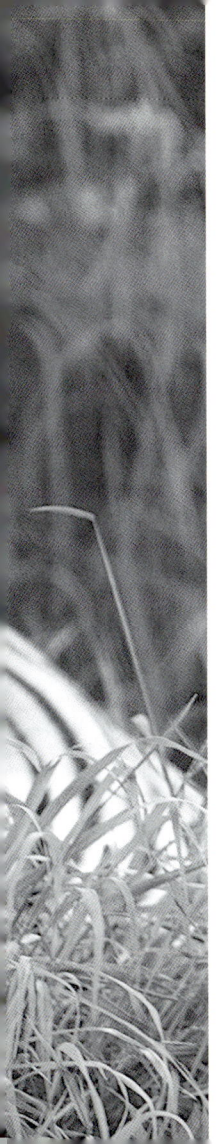

Dieu ne peut pas tout arranger…

C'est pourquoi il a créé les pères, et les a créés tellement cool.

Mon père peut tout faire : si c'est brisé, il va le réparer ; si ça grince, il va le graisser ; et s'il n'y en a pas, il va le construire.

Enfin, c'est ce qu'il croit.

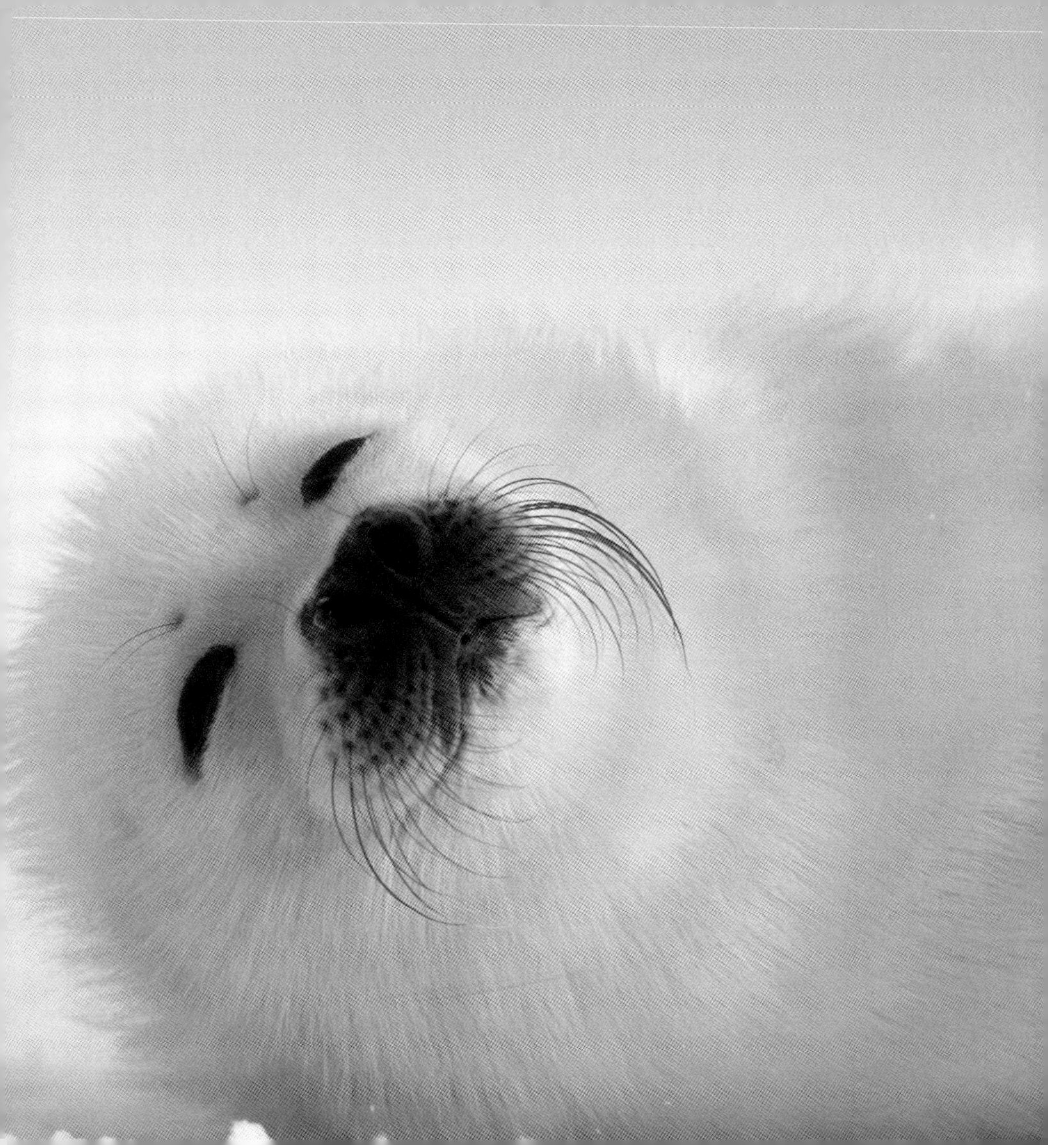

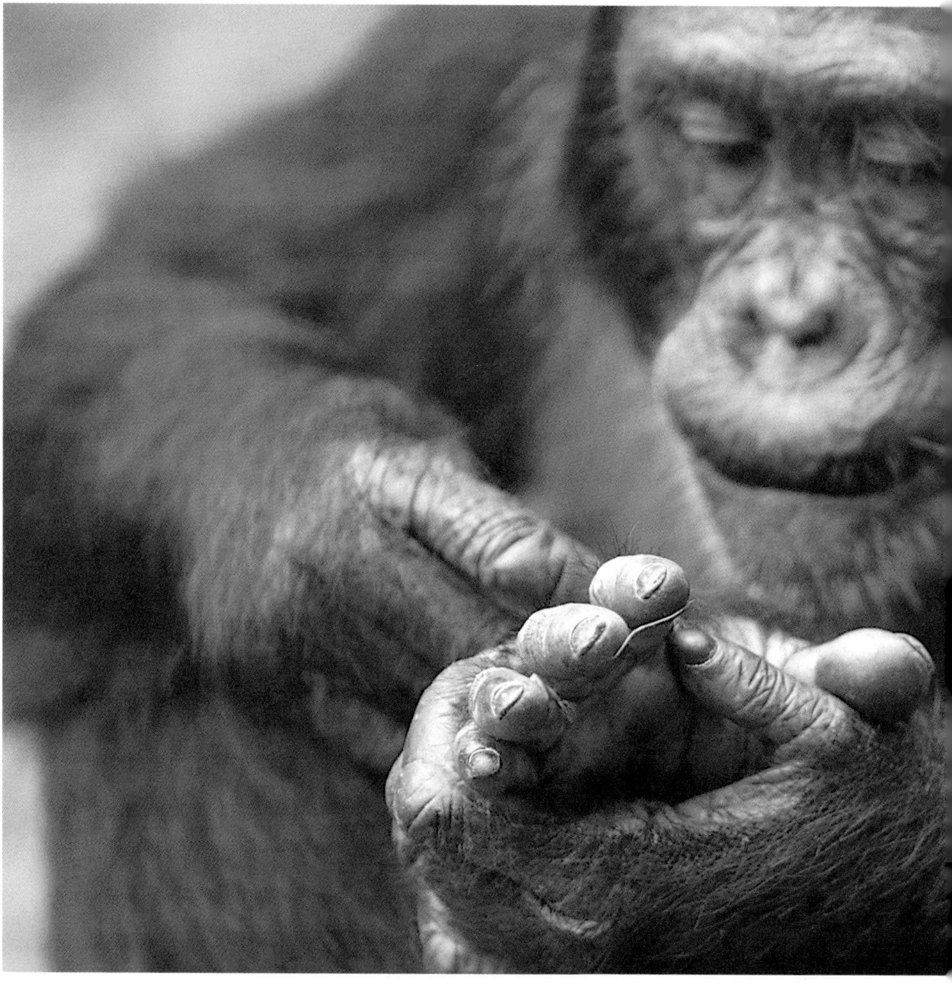

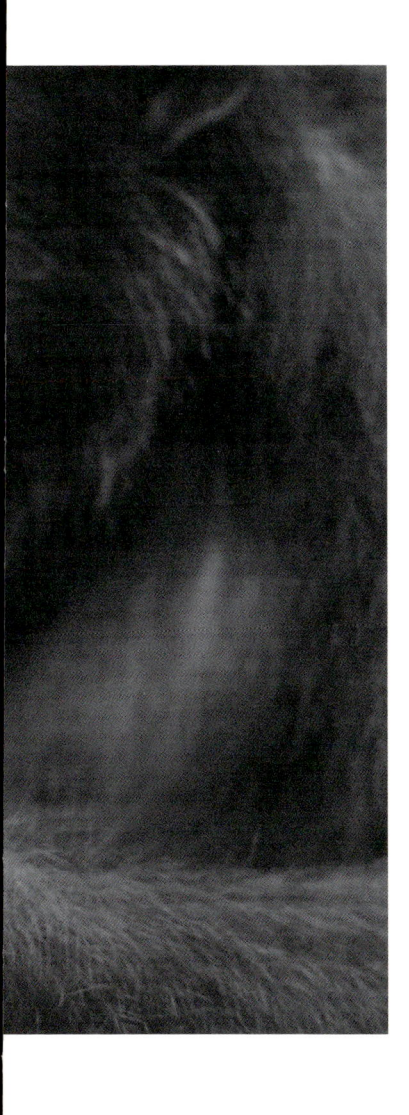

Ils ont le don,
les pères, quand il
s'agit de bricoler.

L'enfer n'a pas
de pire furie
qu'un père qui ne
retrouve plus
ses outils.

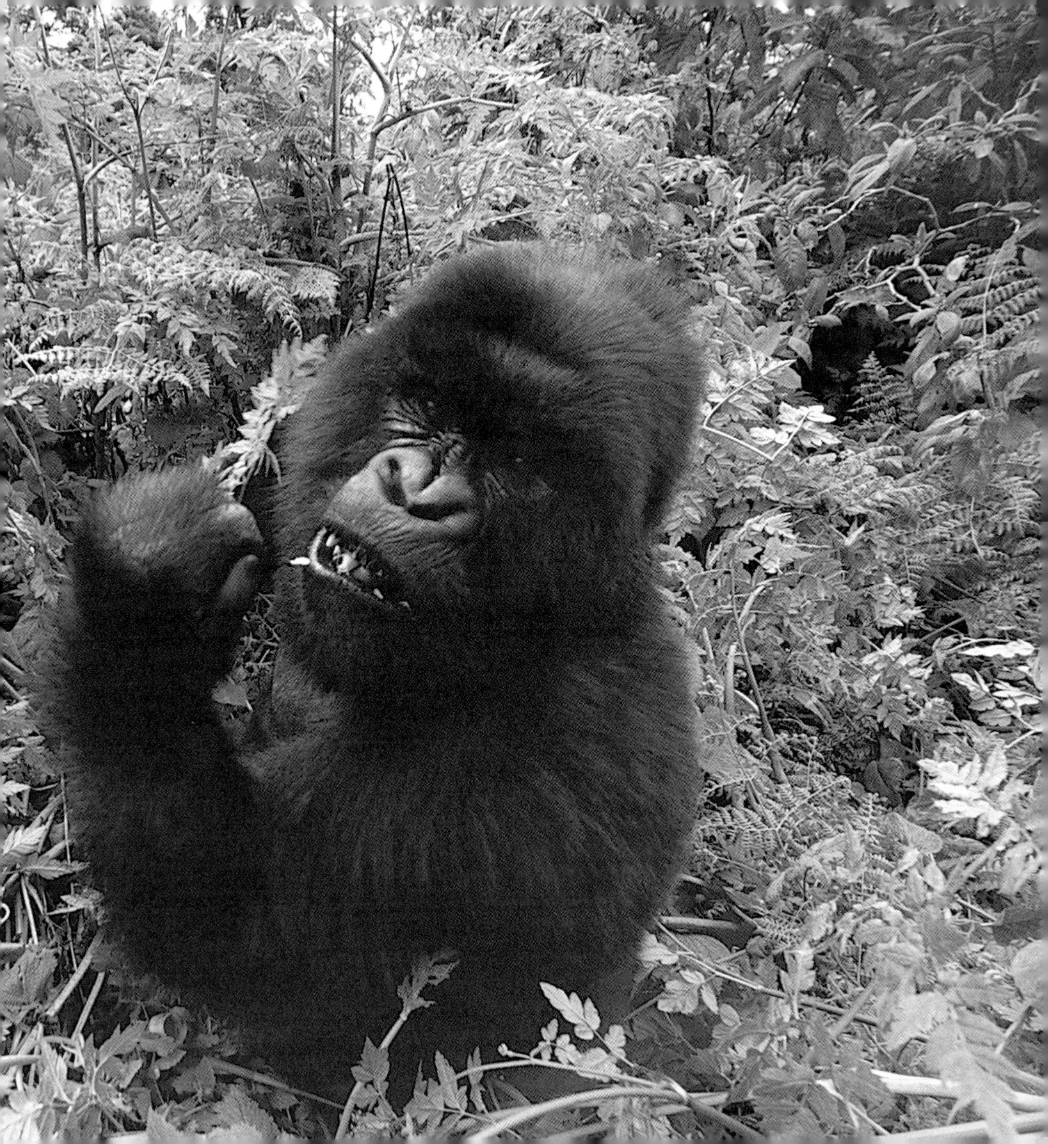

Quand ton père est en colère et qu'il te demande : « Est-ce que j'ai l'air d'un imbécile ? », ne réponds pas.

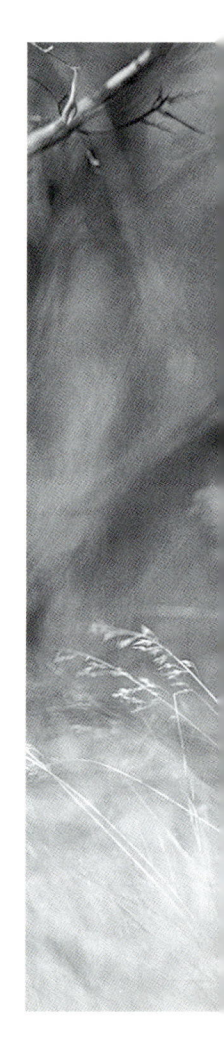

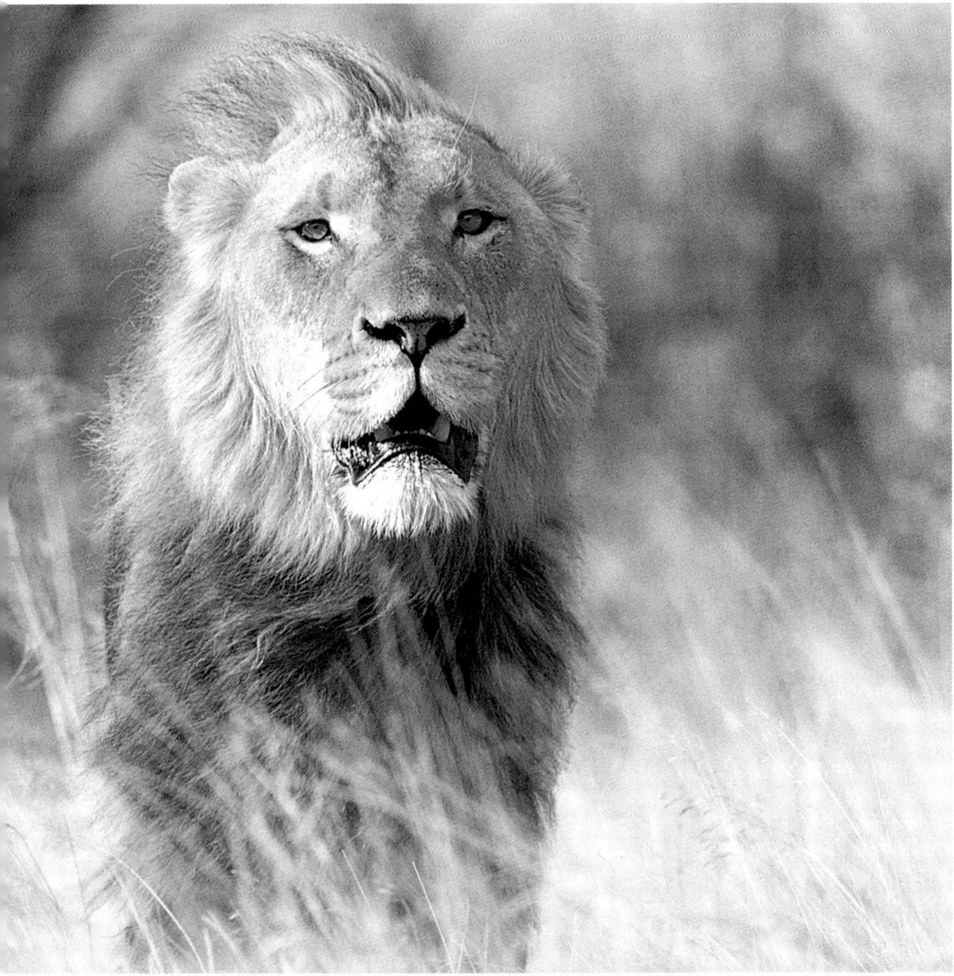

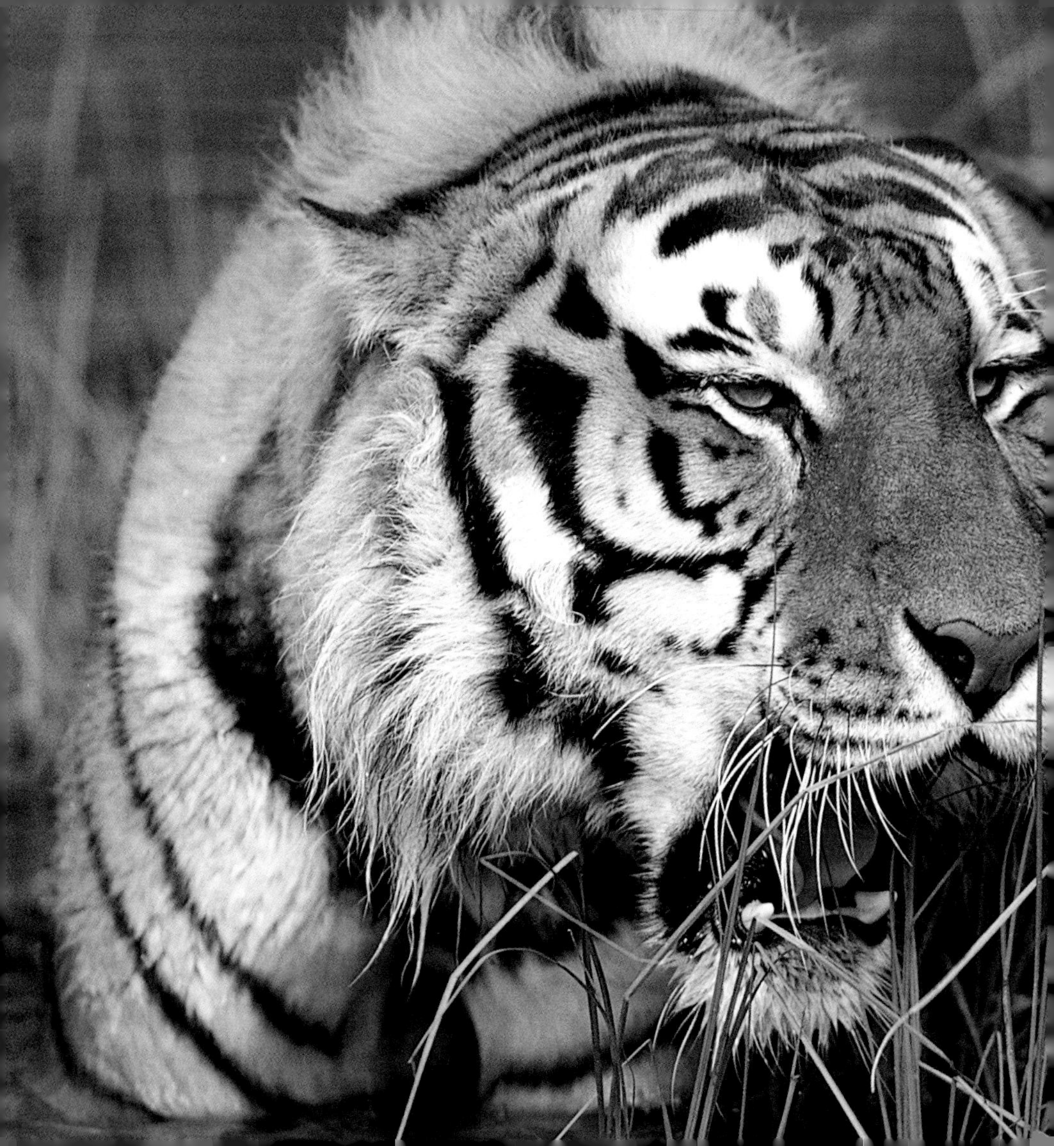

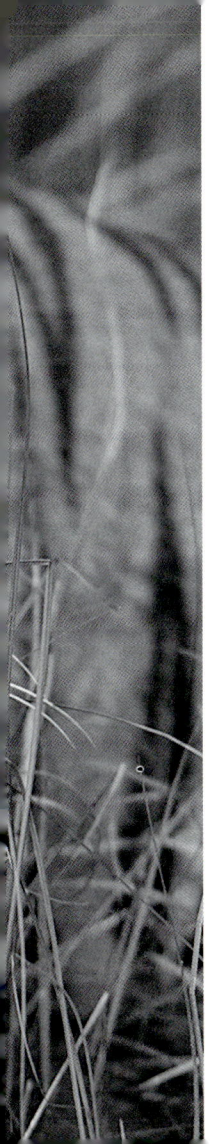

L'amour et la peur.
Tout ce qui sort de la
bouche du père de famille
doit inspirer l'un ou
l'autre.

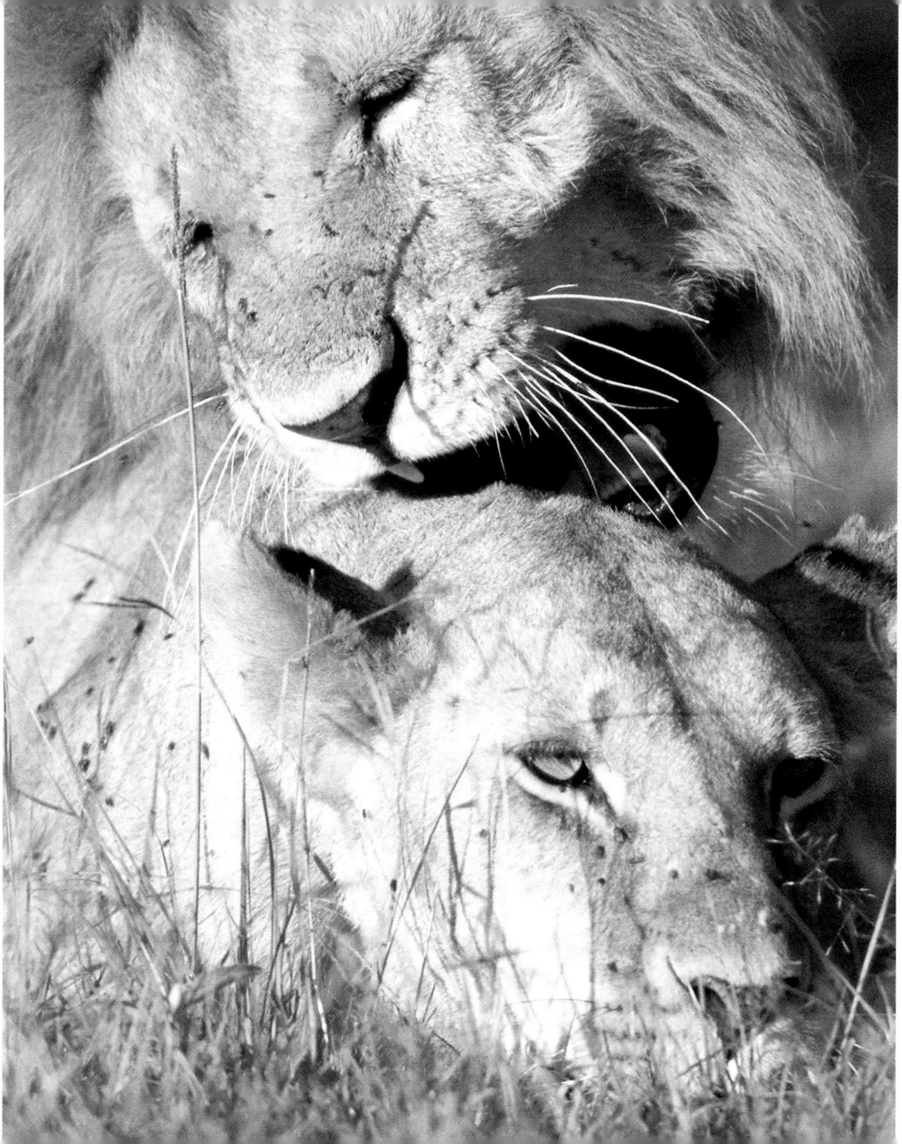

La meilleure chose qu'un père puisse faire pour ses enfants, c'est d'aimer leur mère.

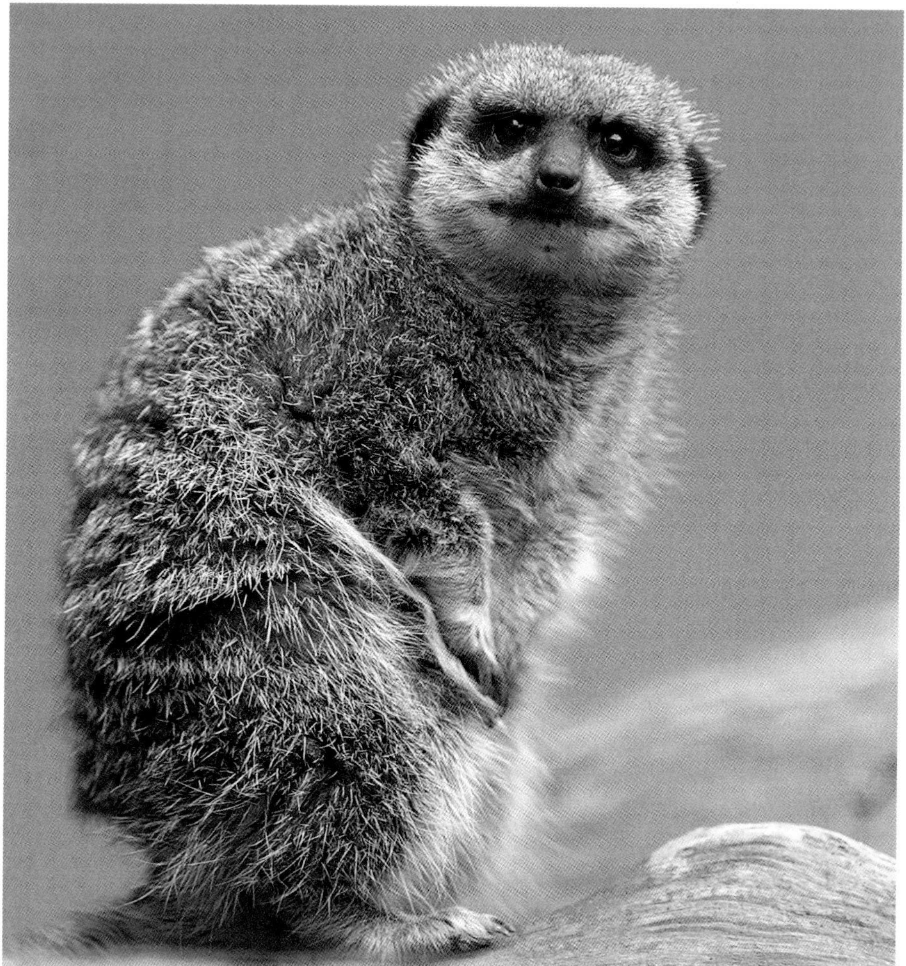

On n'a pas à mériter
l'amour de sa mère.

Il faut mériter
l'amour de son père.
C'est le plus difficile…

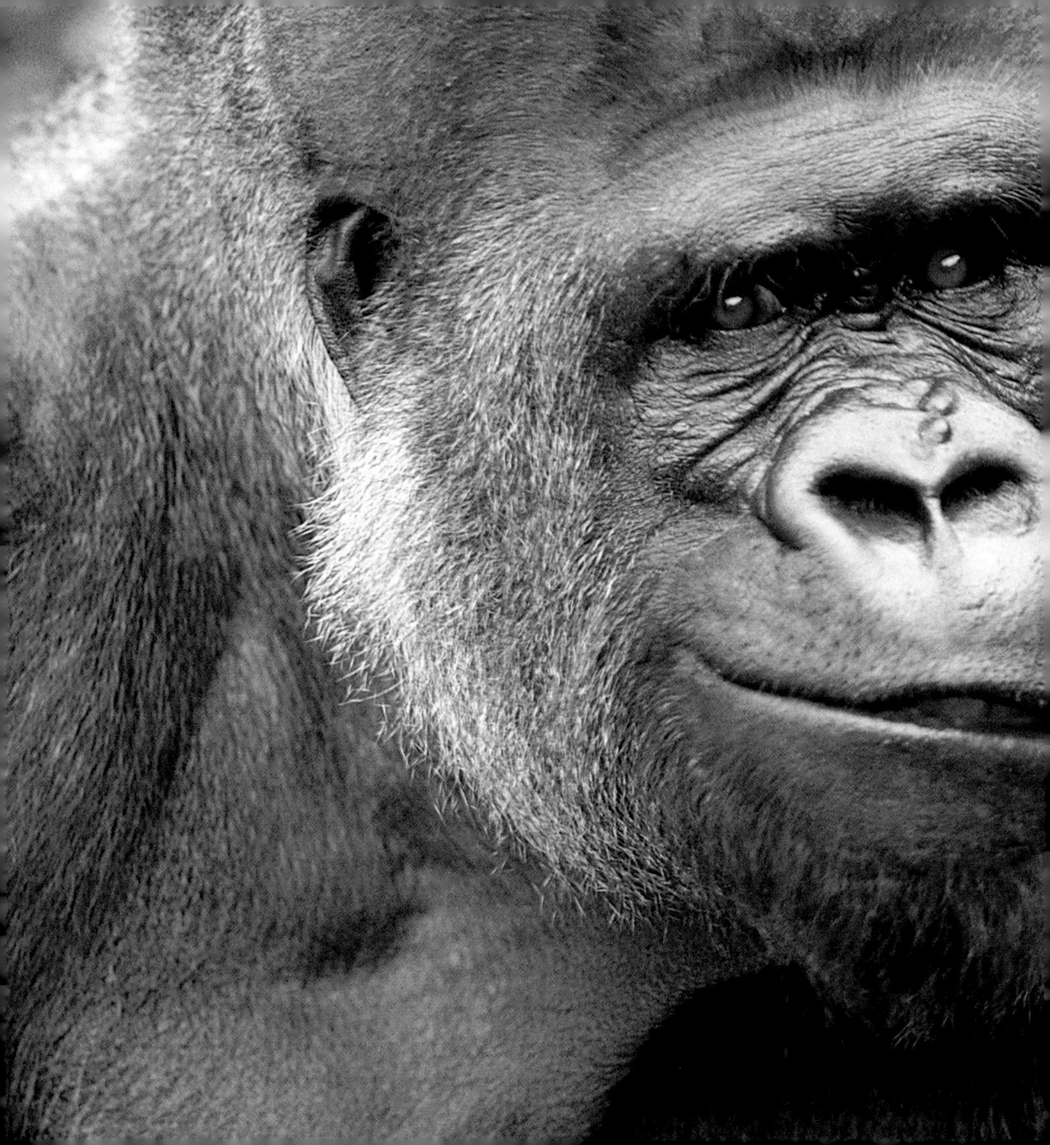

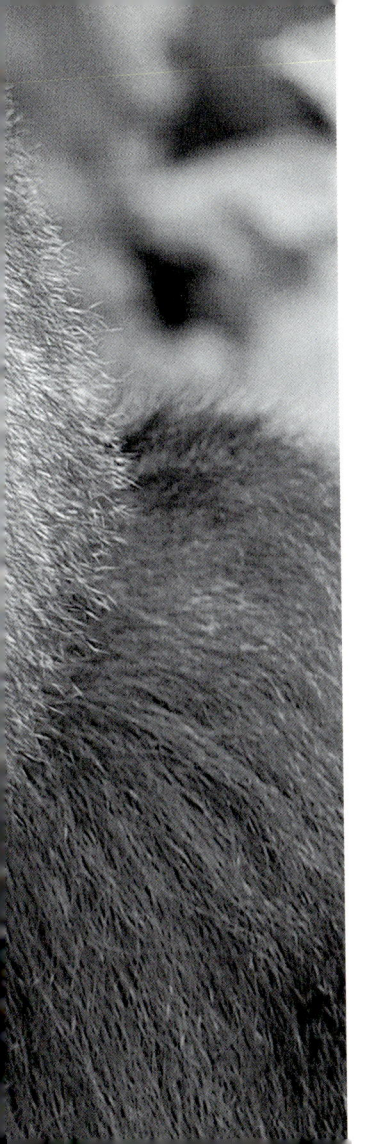

Les enfants ne sont pas responsables des fautes de leur père. C'est toujours leur mère qui l'est.

À la maison, c'est papa qui est le patron ; maman se contente de prendre les décisions.

Essayez de vous considérer
comme un actionnaire…
minoritaire !

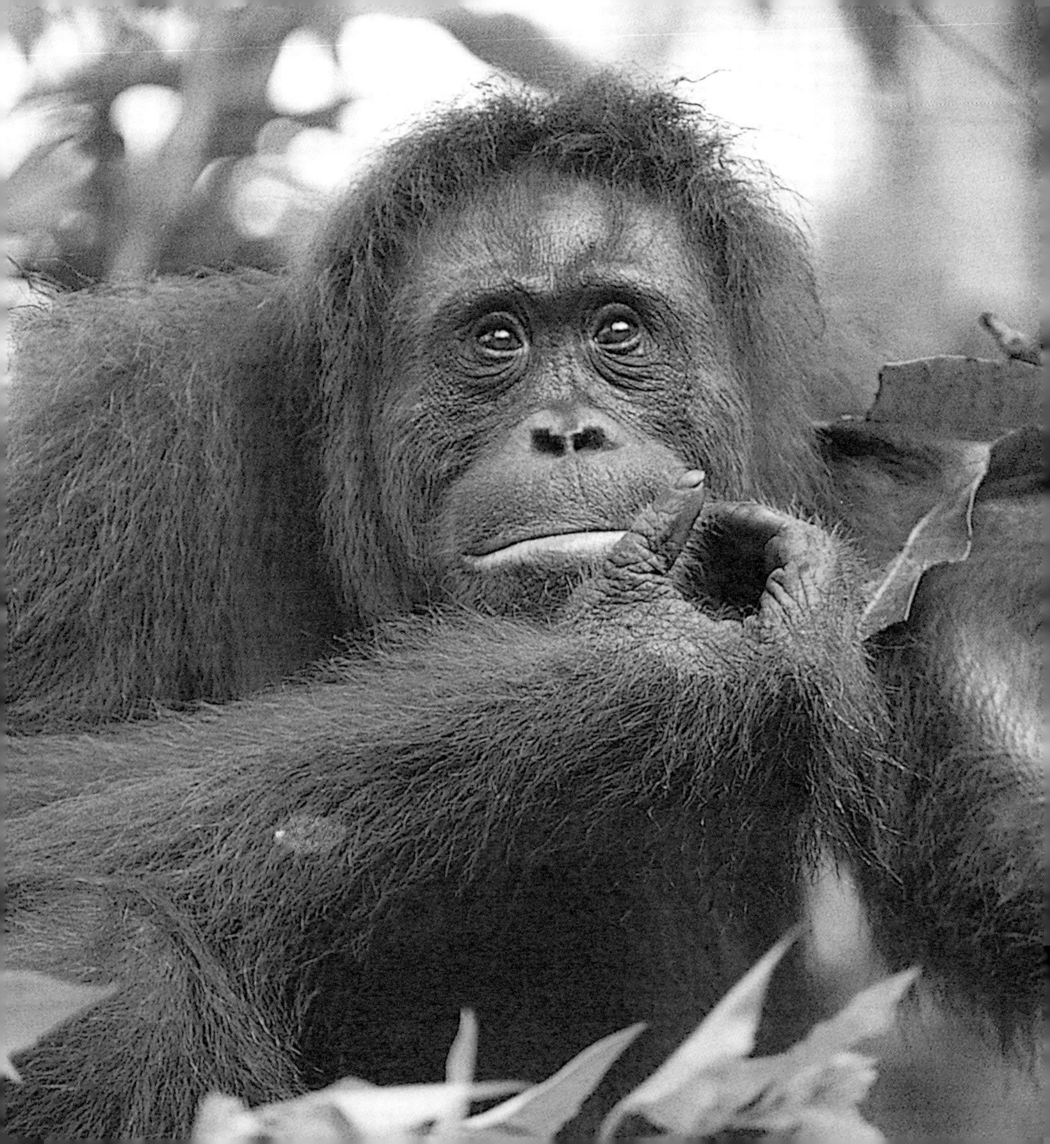

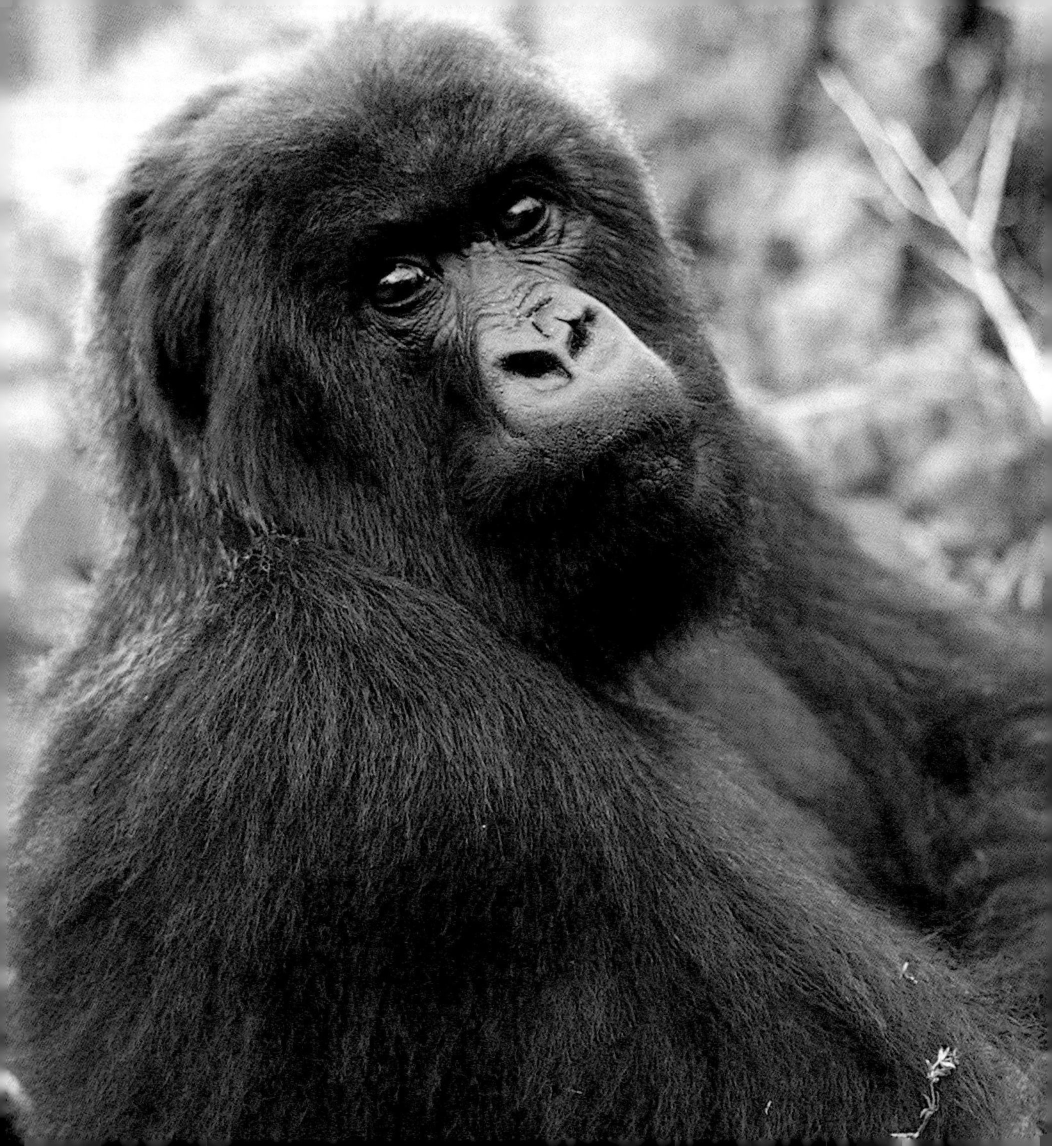

Quand maman dit à papa :
« c'est toi qui décides », maman
pense : « le choix est si facile qu'il
ne peut pas se tromper ».

Chez nous, si maman est la tempête, alors papa est le calme qui vient après.

Dans ma famille, la plupart des disputes commencent à se régler quand mon père dit calmement ce simple mot : « Bon… »

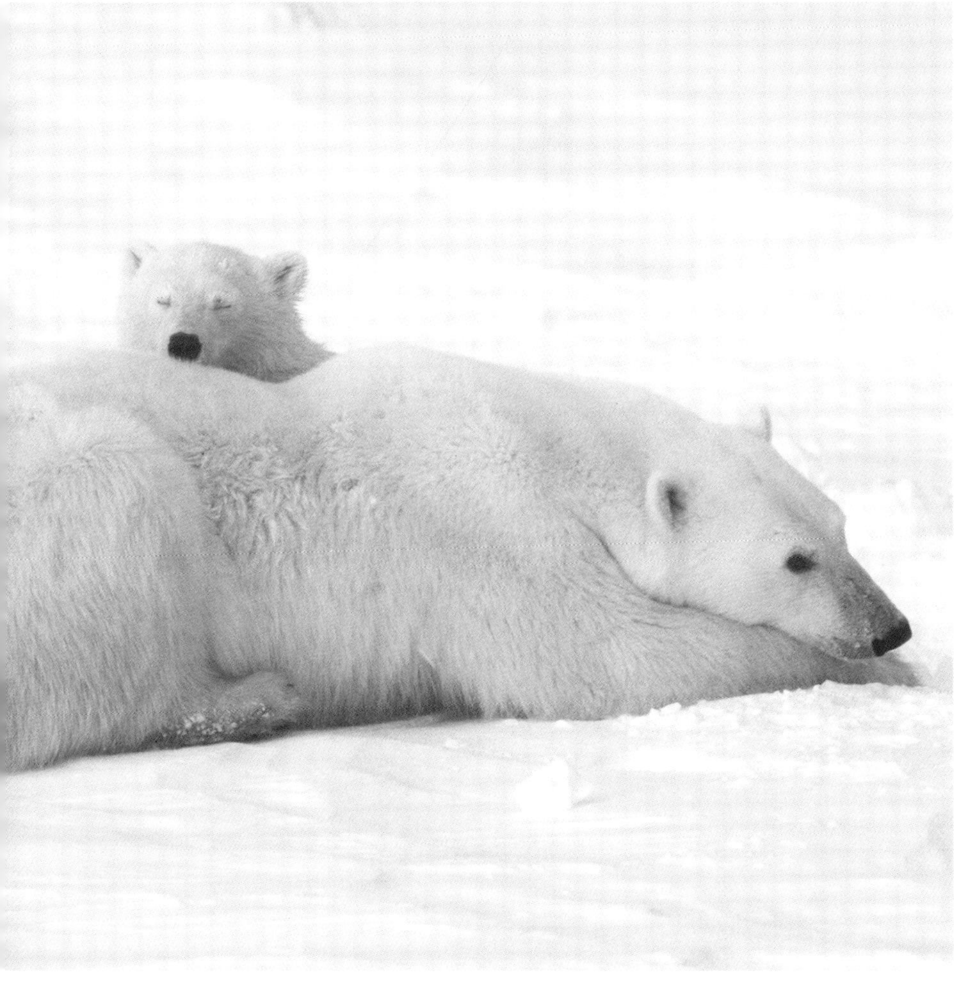

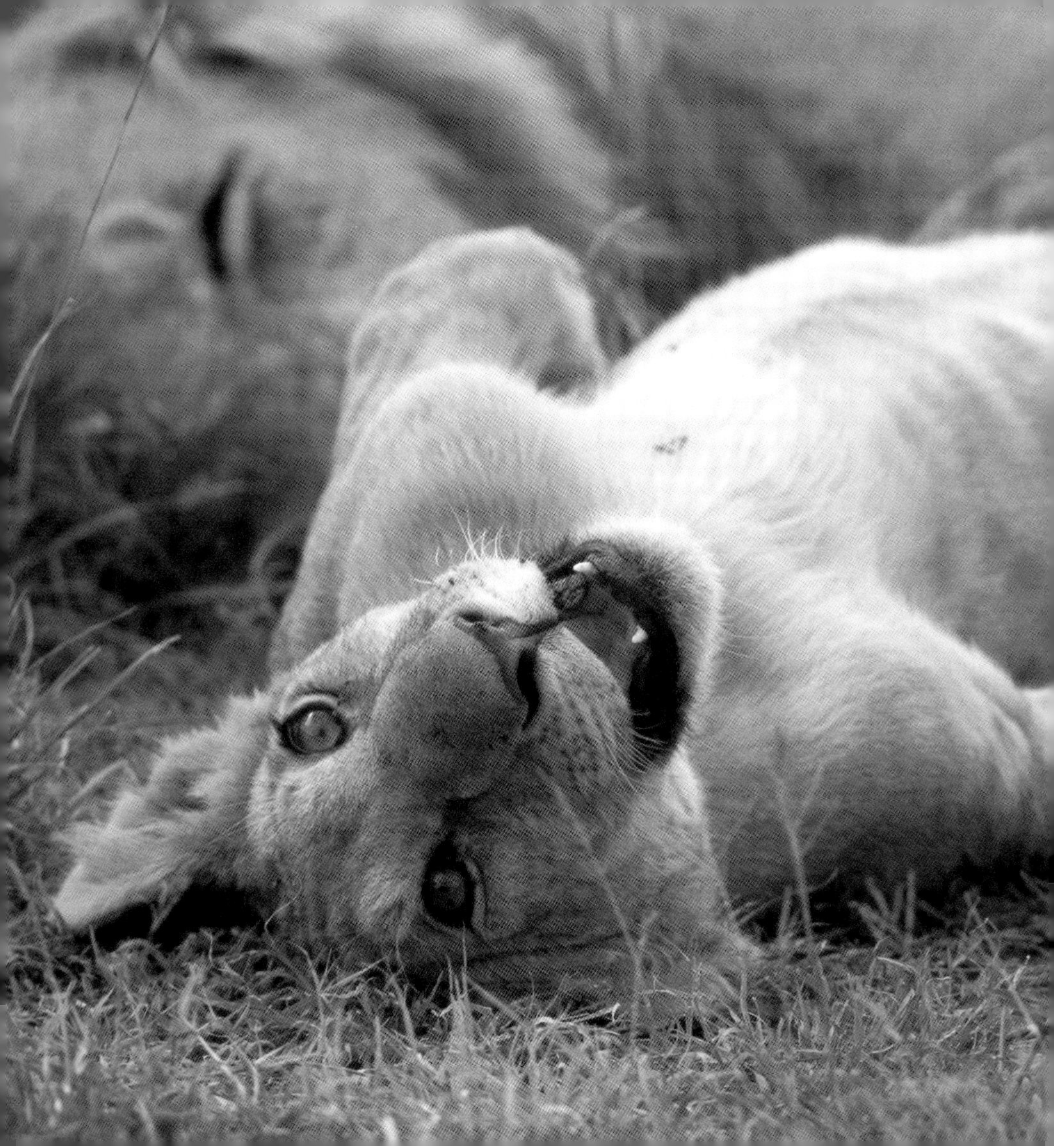

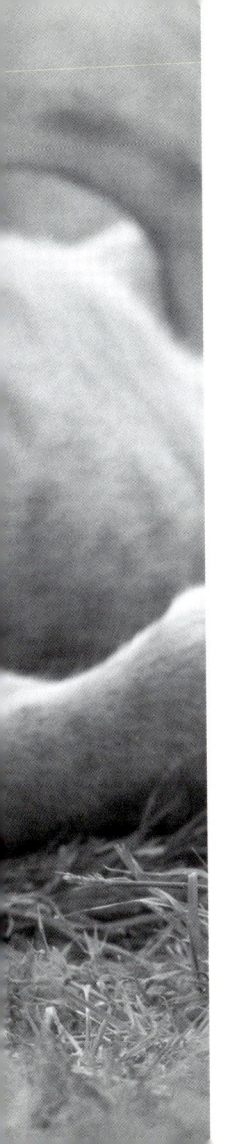

Papa est le gardien des
clés de voiture et des
places de cinéma ;
le seigneur des billets
d'avion et le roi et maître
du barbecue.

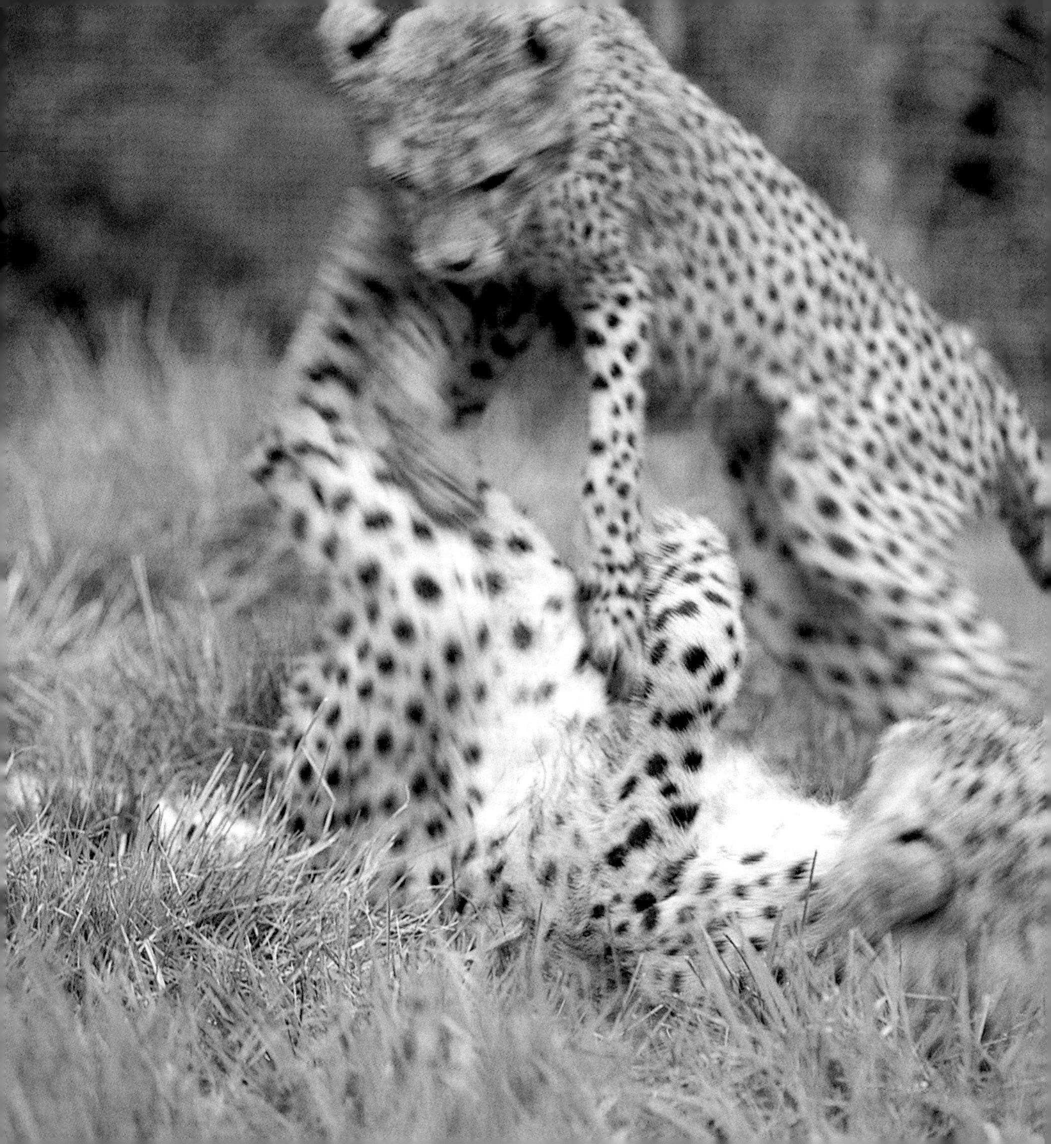

Je n'ai pas choisi
mon père.

Heureusement,
ma mère a du goût.

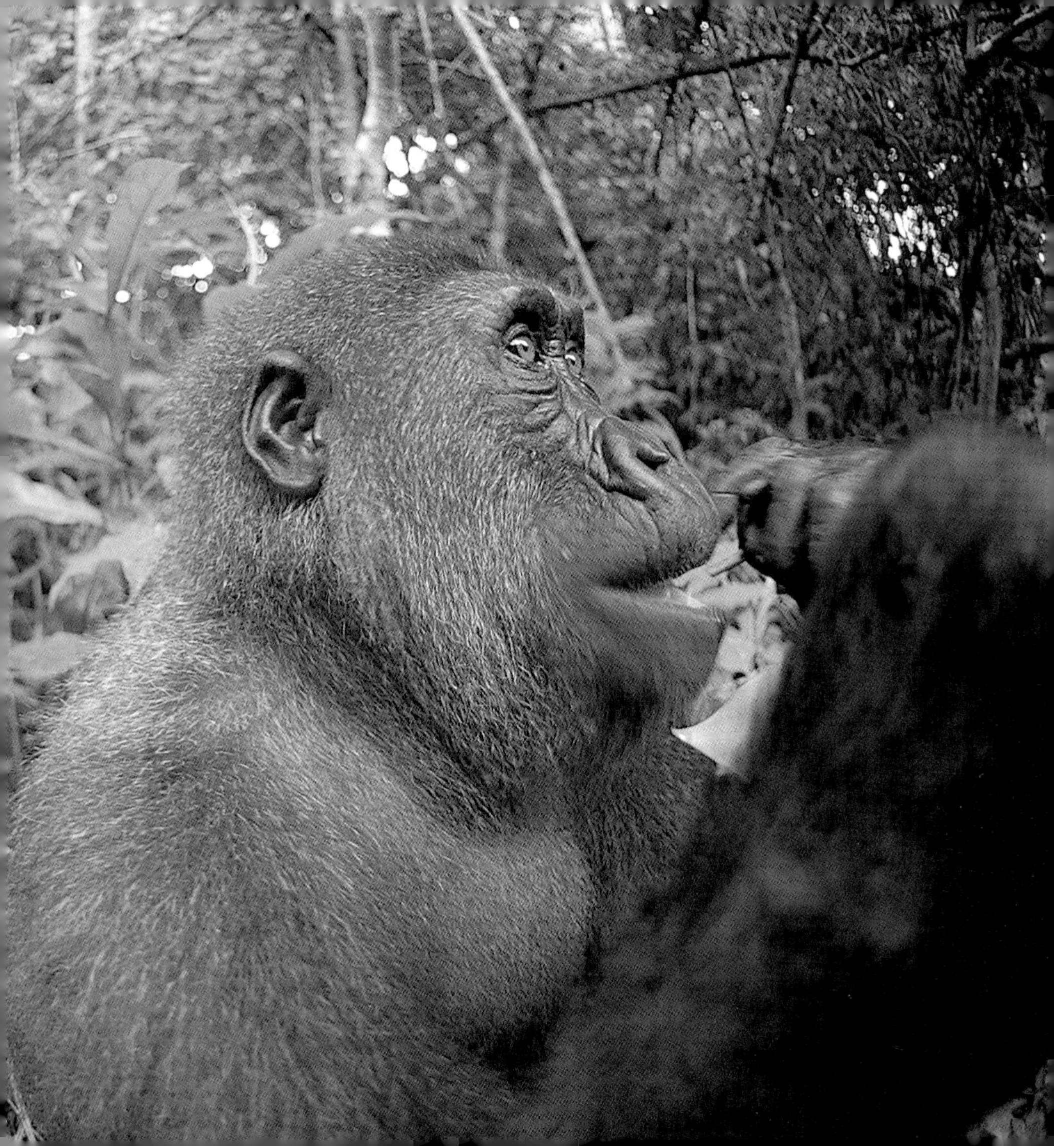

Quand maman dit à papa :
« il faut que tu apprennes à communiquer », maman pense :
« surtout ne me contredis pas ».

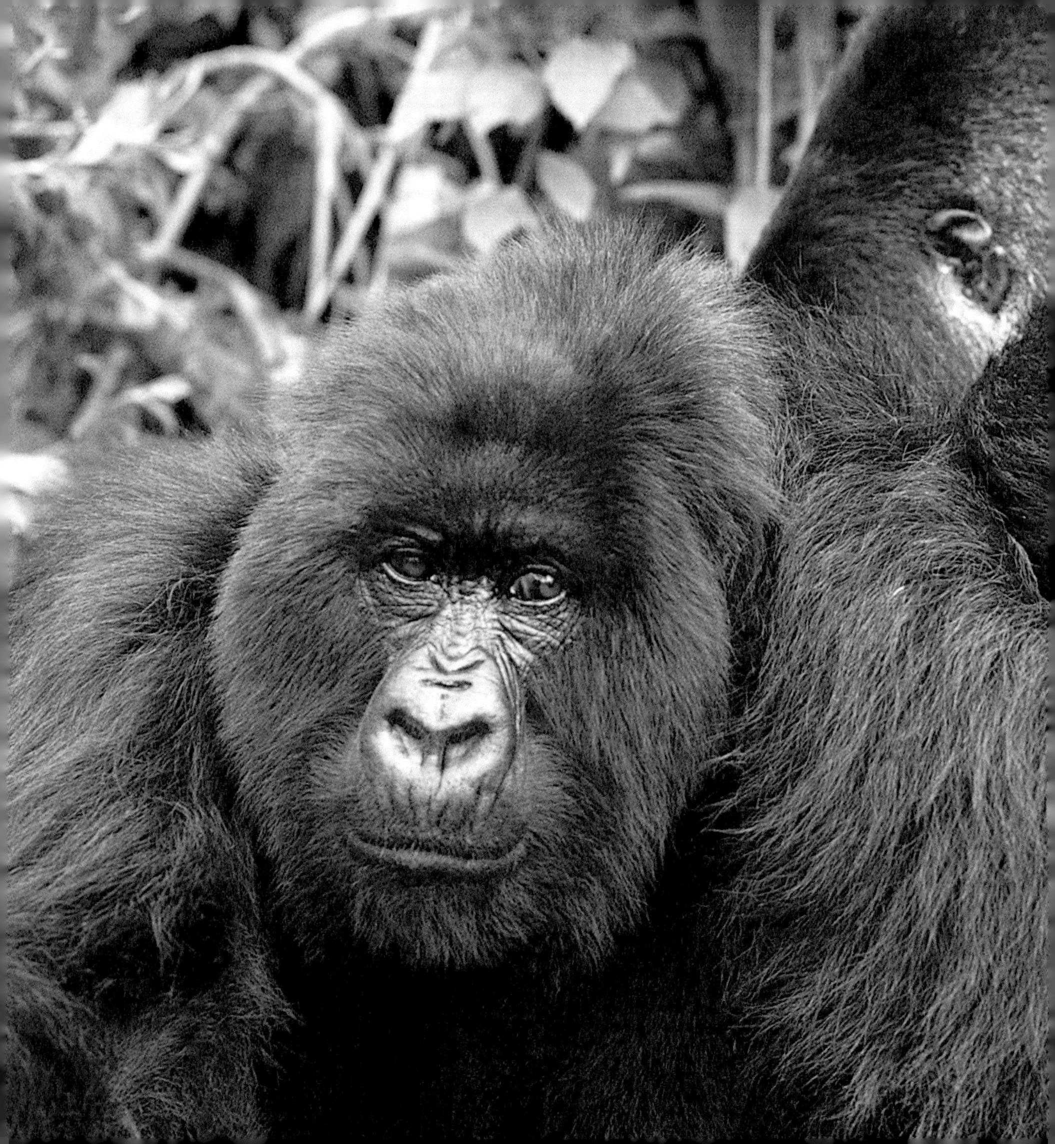

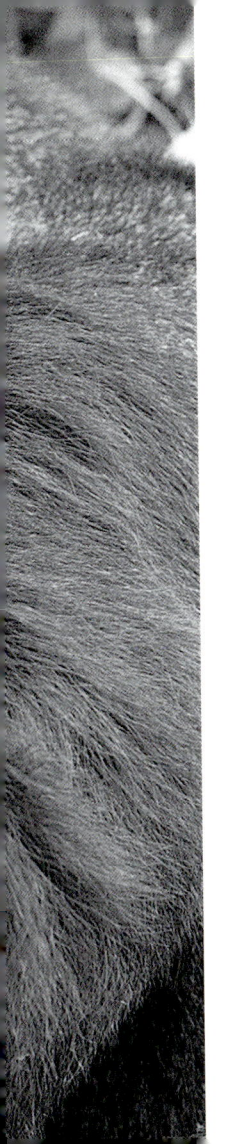

Quand maman dit à papa : « m'aimes-tu ? », maman pense : « j'ai une grosse faveur à te demander ».

Papa avait des rêves, il a fait des plans, puis il s'est battu pour nous donner ce qu'il y a de mieux.

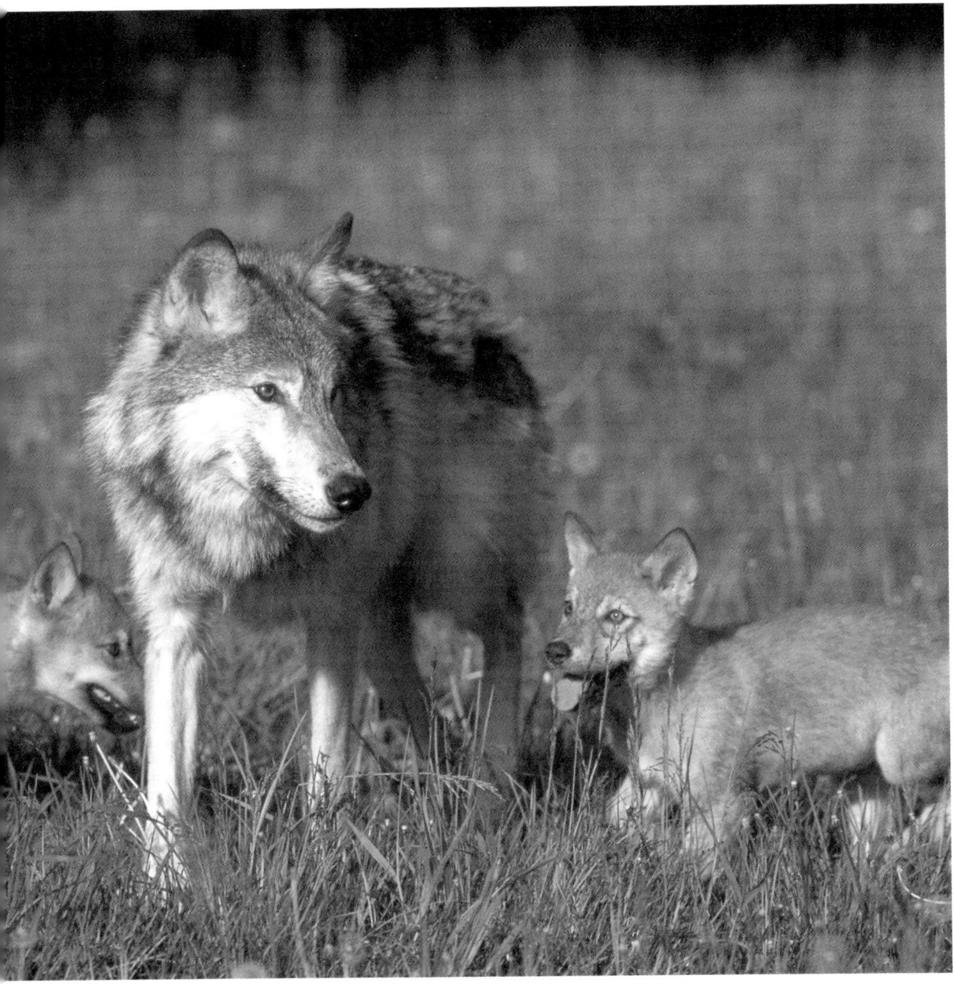

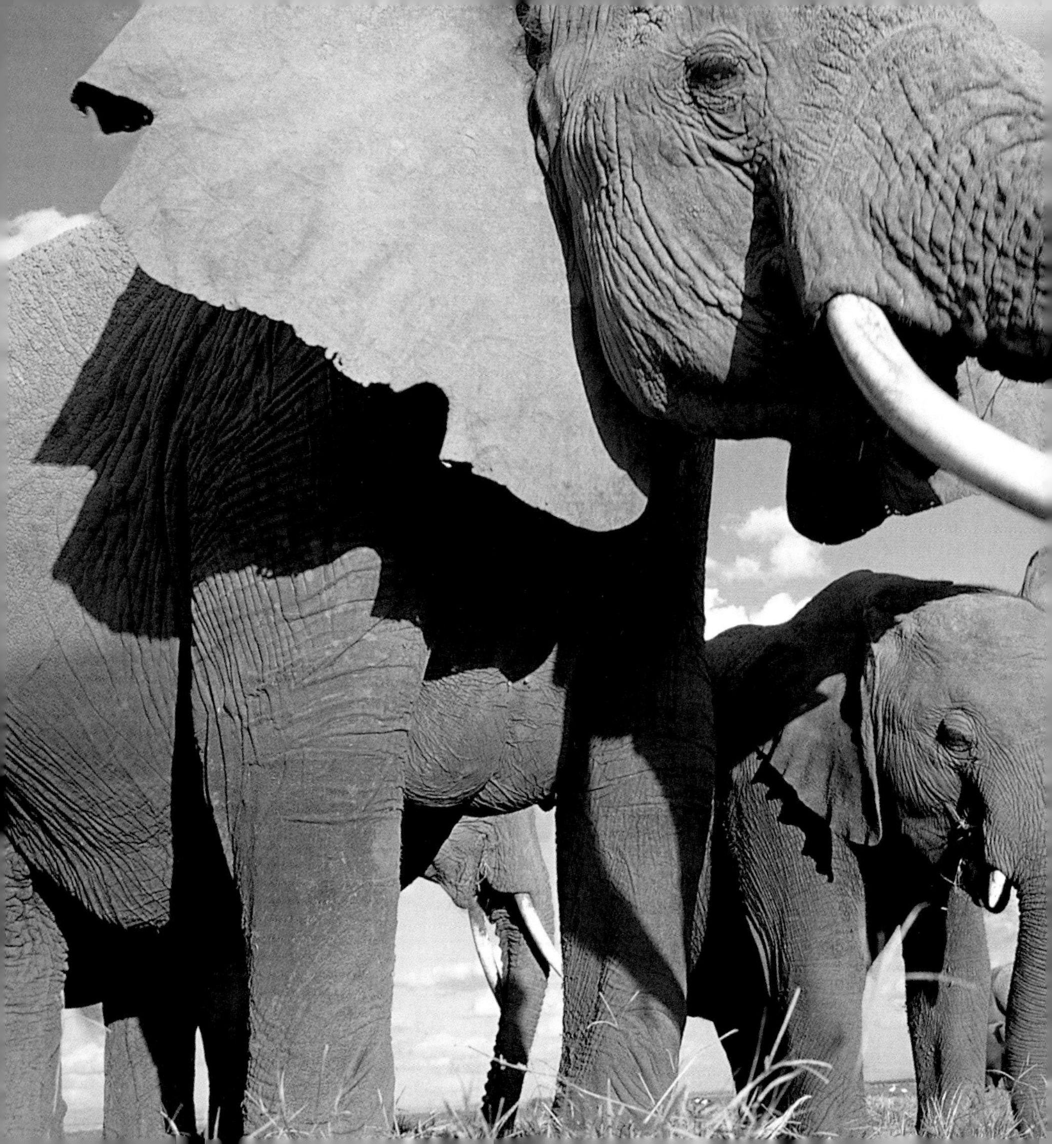

Le père est
un banquier
fourni par
la nature.

Mais attention: cette banque-là
peut manquer de liquidités.

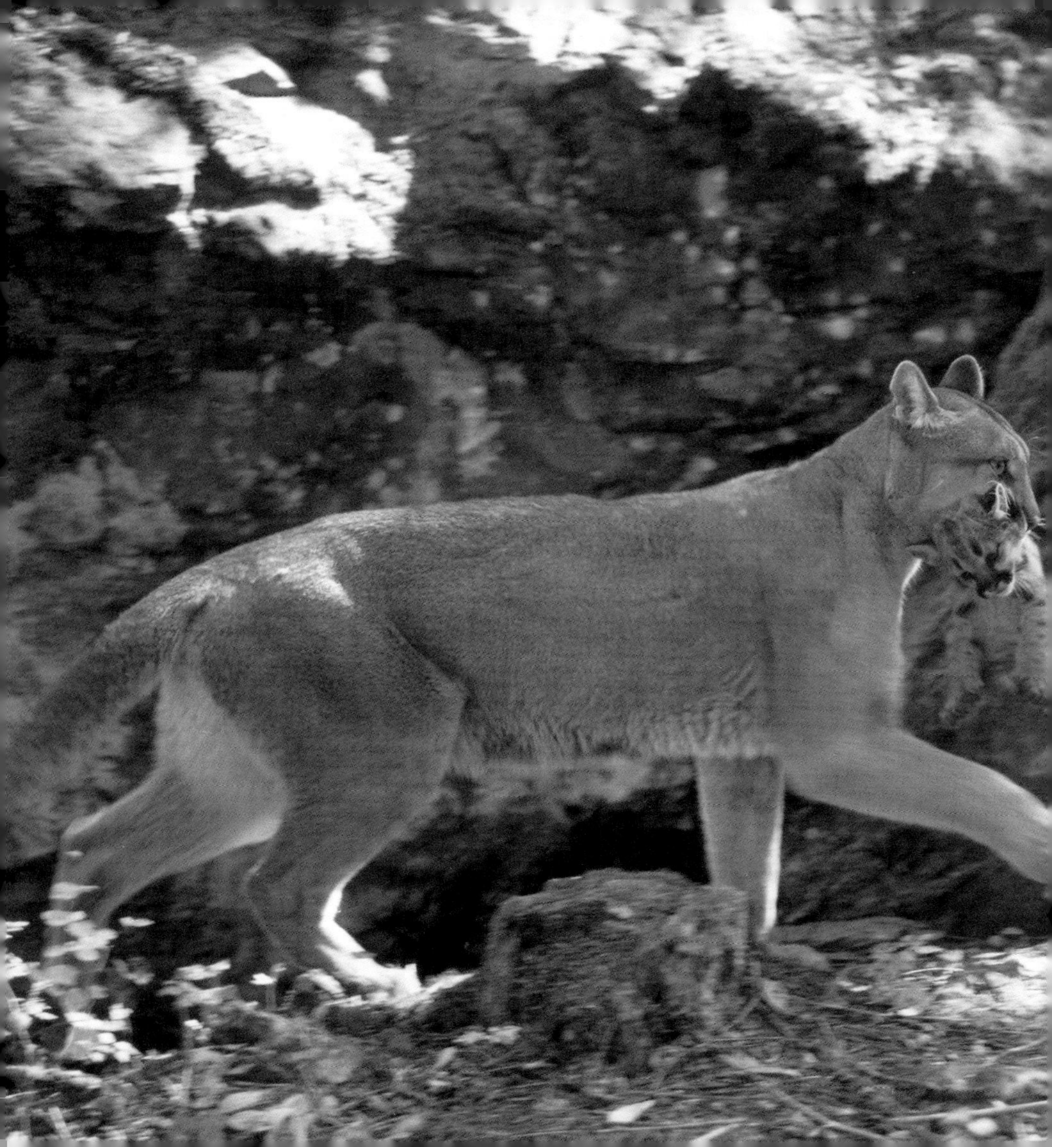

On peut toujours se fier
au taxi paternel : de garde
24 heures par jour,
et pas de taximètre.

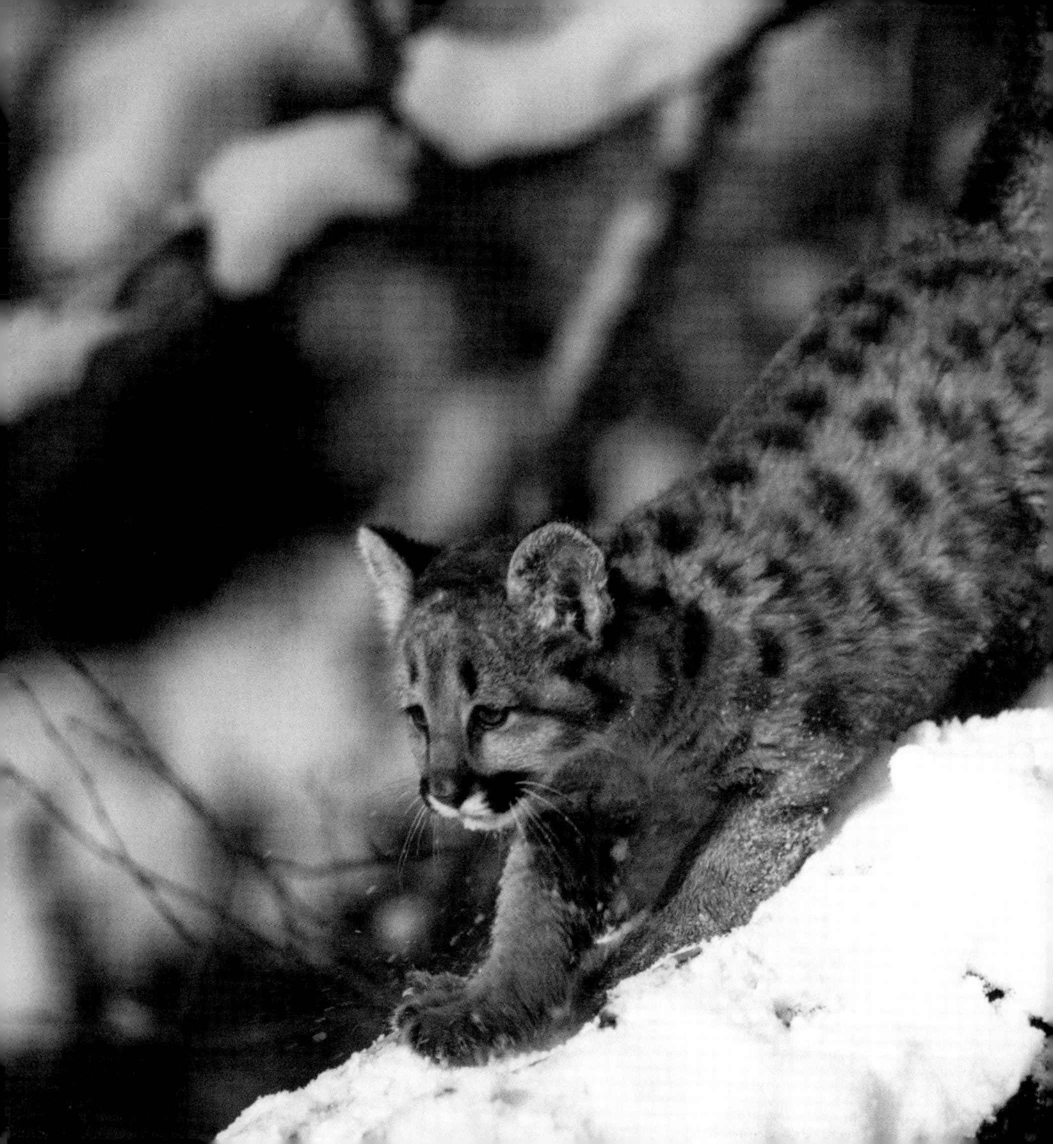

Ne prêtez jamais
votre voiture à
quelqu'un dont
vous êtes le père.

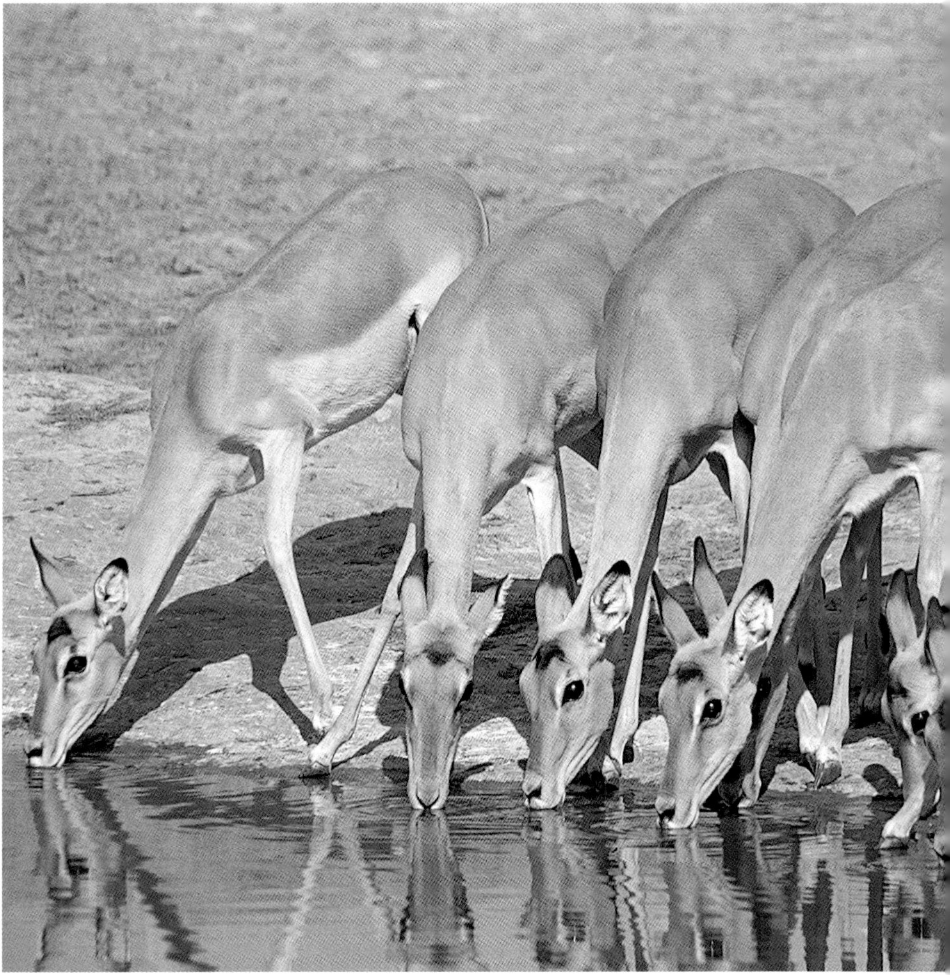

Tel est le triste rôle
du père de famille :
pourvoir aux
besoins d'une
bande d'ingrats !

Un père qui va à la pêche avec son fils est admirable, mais le ciel garde une place bien spéciale pour le père qui va magasiner avec sa fille.

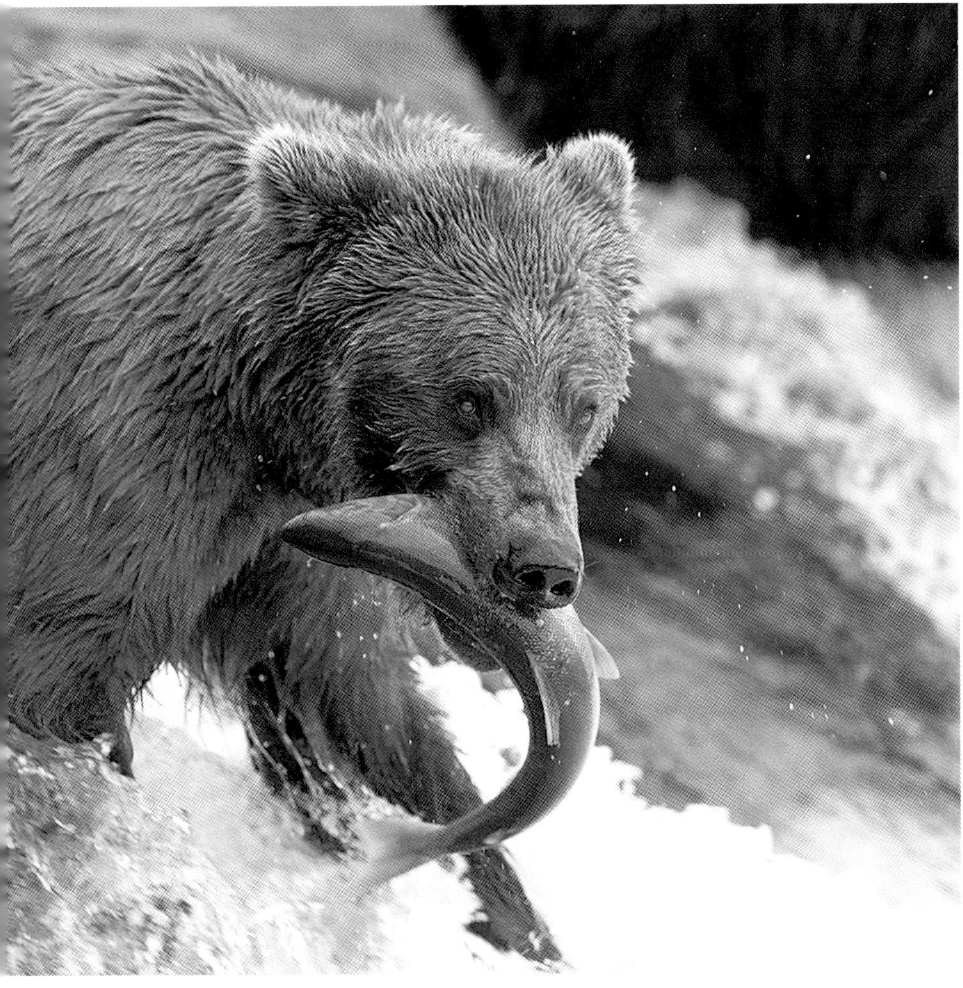

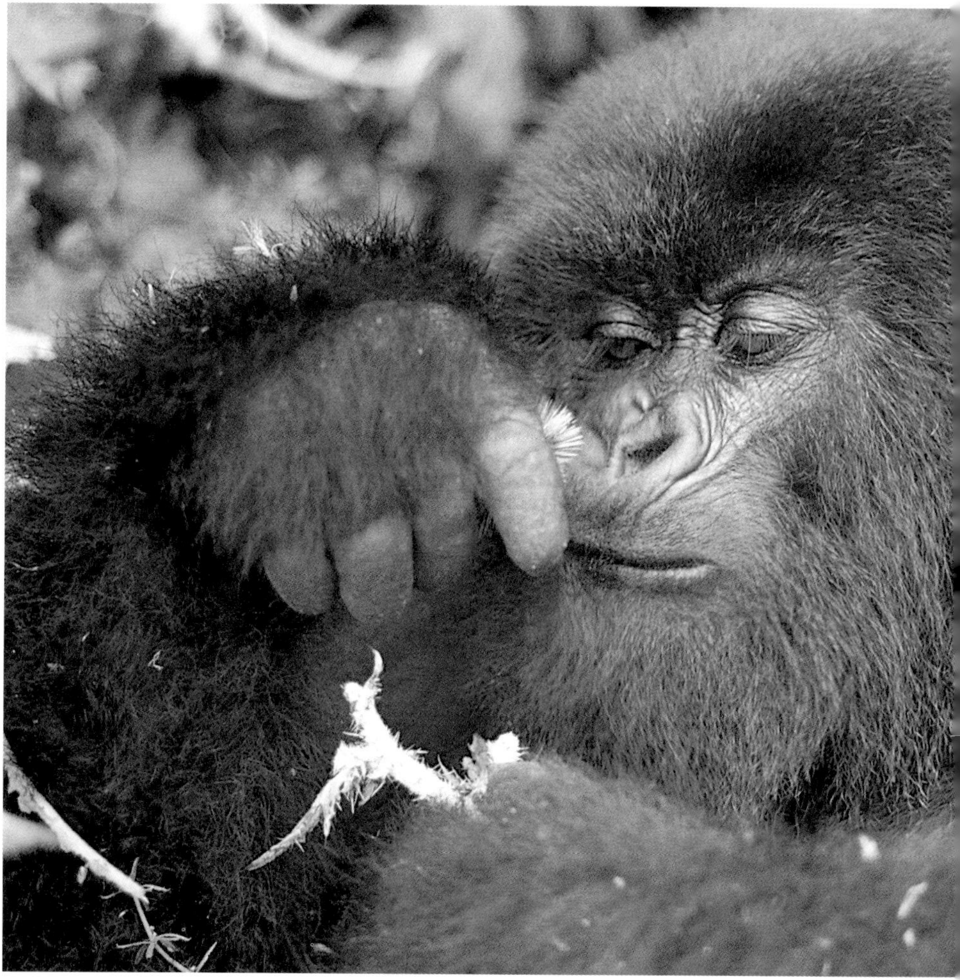

Le père cool, c'est celui qui met des photos dans son portefeuille là où il gardait son argent.

Et comme ce sont probablement des photos de vous, pensez-y la prochaine fois que vous lui demanderez des sous.

Un homme est vraiment riche quand ses enfants lui sautent dans les bras même s'il a les mains vides.

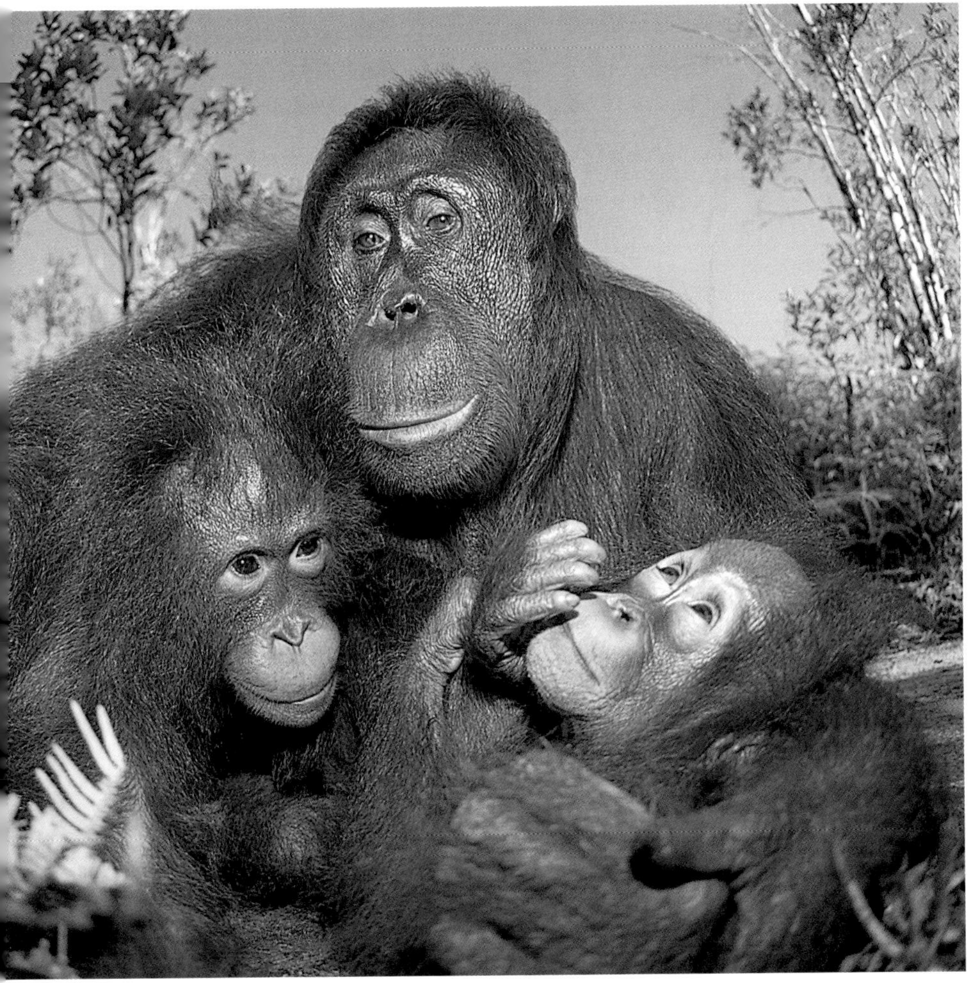

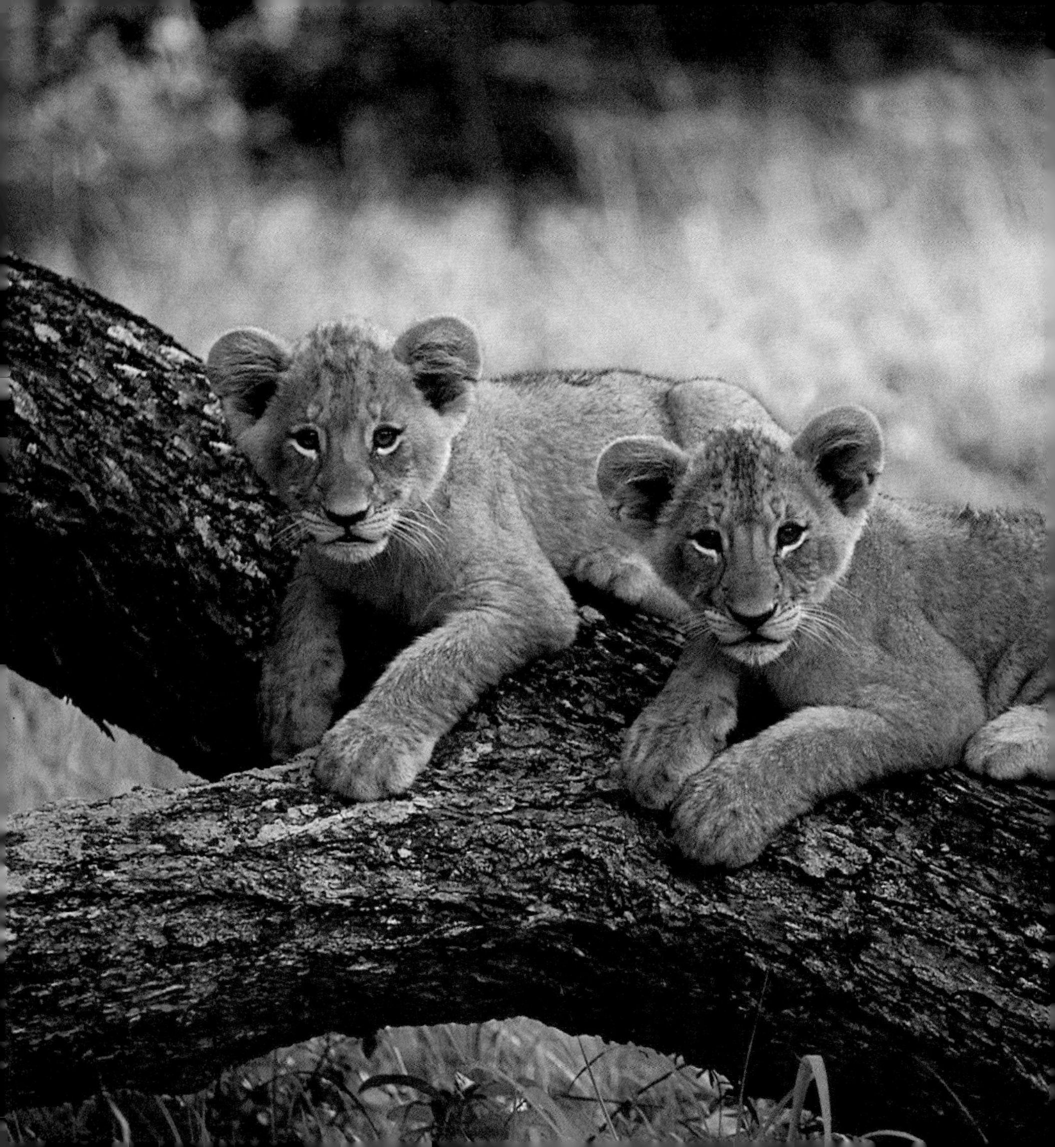

C'est parfois l'homme
le plus pauvre qui donne
à ses enfants le plus riche
héritage.

Il s'appelle l'amour, alors n'oubliez
pas de le transmettre.

Mon père m'a fait
le plus beau
cadeau qu'on
puisse faire à
quelqu'un d'autre :
il a cru en moi.

Le plus beau cadeau que j'ai jamais eu… il est vraiment cool… je l'appelle papa.